westermann

BAUSTEINE

Sprachbuch

Erarbeitet von
Björn Bauch, Kirchzarten
Ulrike Dirzus, Iserlohn
Gabriele Hinze, Metelen
Alexandra Isack, Frankfurt
Kerstin Riesberg, Wallenhorst
Romina Stevens, Bramsche

3

Inhalt

· Kompetenzen der Seite

· Vorschläge zur Differenzierung
· SAH Fö: SAH zum Fördern
· Interaktive Übungen

· Verweise auf ergänzendes Material
· Erklärvideo

Hallo, ich bin Quiesel.
Wenn du dieses Zeichen siehst,
erkläre ich dir gute Lerntricks.

· Kompetenzen der Seite
· Medienbildung

· KV Fö/FO: Kopiervorlagen zum Fördern und Fordern
· RS: Heft Rechtschreibstrategien

· ÜH: Übungsheft
· KV: Kopiervorlagen

Willkommen in Klasse 3

Ankommen

1 Schreibe deine Wünsche für das 3. Schuljahr auf.

Ich wünsche mir, dass ... Mein Wunsch ist ...
Wir sollten ... Ich möchte ...

2 Lest das Akrostichon. Wie ist es aufgebaut?

Sonnenschein den ganzen Tag.
Oben am Himmel kein Wölkchen.
Mit Pia war ich im Schwimmbad.
Mutig bin ich ins Wasser gesprungen.
Es war so erfrischend im Wasser.
Richtig toll war der Tag.

3 Schreibe selbst ein Akrostichon. Suche dir ein Thema aus.

SONNE AUGUST FERIEN

Mit einem Portfolio arbeiten

1 Worüber unterhalten sich die Kinder?

2 Wie ist das Inhaltsverzeichnis aufgebaut?

Inhaltsverzeichnis			
	Überschrift	Datum	Warum?
1	Wünsche für das 3. Schuljahr	2.9.	Die Wünsche sind mir wichtig.
2	Sommerferien-Akrostichon	4.9.	Das Gedicht beschreibt schön meine Ferien.
3	Einmaleins Arbeitsblatt (Wiederholung)	10.9.	Ich bin stolz, dass ich die Reihen noch gut kann.

3 Lege dir ein Inhaltsverzeichnis für dein Portfolio an.

So kann ich ein **Portfolio** nutzen:

- Ich überlege, welche meiner Arbeiten **mir** wichtig sind. Diese sammle ich in meinem Portfolio.
- Dazu lege ich ein **Inhaltsverzeichnis** an.
- Im Inhaltsverzeichnis trage ich ein, **warum** ich diese Arbeiten ausgewählt habe.
- Ich spreche mit **anderen** über meine Auswahl.

Wortarten unterscheiden

1 Welche Ballons gehören zusammen? Tauscht euch aus.

2 Finde weitere Beispiele für die Wortarten.
Nomen: ... Verben: ... Adjektive: ...

3 Welches Wort passt nicht in die Wortartgruppe? Schreibe es auf.

a: liest, nimmt, male, schwer, spielt, werfe

b: gut, groß, suchen, frisch, winzig, sauer

c: Käfer, dann, Bäcker, Kleid, Strauch, Buch

4 Erklärt das Wortarten-Spiel und spielt es.

Buchstabe	Nomen	Verben	Adjektive	Punkte
G	Giraffe	gehen	groß	3

· Wortarten kennen, Wörter zuordnen
· Fachbegriffe verwenden

· SAH Fö: Teil B, S. 4

· ÜH: S. 4
· KV 2

Rechtschreibstrategien kennen und anwenden

1 Worüber unterhalten sich Tim und Quiesel? Tauscht euch aus.

Wie schreibe ich [Hund] am Ende?

Hier hilft die Strategie **Wörter verlängern**.

Hunde – Hund

2 Was bedeuten die Strategiezeichen? Schreibe so:

Strategiezeichen	Bedeutung	Beispiel
(Wortbausteine-Zeichen)	mit Wortbausteinen arbeiten	vorlesen

vorlesen

Freunde – Freund

Glas – Gläser

Streichelgehege

Tee

Tulpe

Wörter verlängern

Wörter ableiten

Merkwörter

Wörter in Silben schwingen und deutlich sprechen

Mit Wortbausteinen arbeiten

Nomen großschreiben

3 Führt Rechtschreibgespräche zu den Wörtern.

Rechtschreibgespräch Seite 32

Eichhörnchen

Zwerg

Stunde

versuchen

Meer

Bäume

1 Was seht ihr auf dem Bild? Beschreibt.

2 Wie entscheiden die Kinder, worüber im nächsten Klassenrat gesprochen werden soll?

3 Welche Themen wollt ihr in eurem Klassenrat besprechen?

- Beobachtungen wiedergeben
- Anliegen und Konflikte mit anderen klären
- auf die Meinungen anderer eingehen

- SAH Fö: Teil A, S. 6

- KV 11

Geordnet Gespräche führen

1 Erklärt, wie dieser Klassenrat geordnet stattfindet.

2 Bringe die Sprechblasen in die richtige Reihenfolge. Schreibe so:

1. Begrüßung: Ich begrüße euch zum Klassenrat.
2. Protokoll:

Die meisten Punkte habt ihr zu dem Thema ...

Heute beschließen wir, dass ...

Ich begrüße euch zum Klassenrat.

Danke für eure tollen Ideen. Der nächste Klassenrat ist am ...

Kommen wir zum Lob der Woche: ...

Beim letzten Mal haben wir vereinbart, dass ...

3 Warum ist ein geordneter Ablauf im Klassenrat sinnvoll? Begründet.

Ein geordneter Ablauf ist sinnvoll, weil ... Das hilft uns ...

4 Führt einen Klassenrat durch.

Ein Klassenratsprotokoll kennen

1 Lies das angefangene Protokoll zum Klassenrat.

Klassenratsprotokoll vom: 4.10.2022

Teilnehmer/innen: 19 Kinder (Klasse 3a)
+ Frau Müller

Moderator/in: Lale

Protokollant/in: Jonas

Thema 1:

Vereinbarung:

Thema 2:

Vereinbarung:

Unterschrift Protokollant/in: Jonas

2 Ordne die fehlenden Teile dem Protokoll zu.
Schreibe das Protokoll vollständig auf.

ein Theaterstück proben

verschwundene Bücher

Bis nächste Woche sammeln wir Ideen für Theaterstücke.
Wir wollen das Theaterstück beim nächsten Schulfest aufführen.

Jeder schaut zu Hause nach, ob er noch ein Buch aus der Klassenbücherei hat.

· Textmuster Protokoll kennen
· funktionsgerecht schreiben
· Computer zum Schreiben verwenden

· SAH Fö: Teil A, S. 8
· 1

· ÜH: S. 6
· KV 13

Ein Protokoll schreiben

1 Lest die Gespräche im Klassenrat.
Welche Informationen gehören in das Protokoll?

2 Schreibe ein Protokoll zu diesem Klassenrat.

3 Kontrolliert euer Protokoll mit der Checkliste.

4 Schreibe ein Protokoll zu eurem Klassenrat.

Checkliste: Ein Protokoll schreiben
- ✓ Klassenratsprotokoll vom:
- ✓ Teilnehmer/innen:
- ✓ Moderator/in:
- ✓ Protokollant/in:
- ✓ Thema:
- ✓ Vereinbarungen:
- ✓ Unterschrift Protokollant/in:

Nomen kennen

1 Ordnet die Nomen zu.

Menschen   Tiere   Dinge   Pflanzen

Tulpe	Dose	Angst	Kaktus	Timo
Katze	Stunde	Fahrrad	Bäcker	Fisch

2 Welche Wörter konntet ihr nicht zuordnen?
Warum sind es trotzdem Nomen? Tauscht euch aus.

> **!** Es gibt Nomen, die keine Menschen, Tiere, Pflanzen oder Dinge sind.
> Sie bennen zum Beispiel auch Gefühle: die Liebe, der Hunger, …
> Nomen schreibt man groß. Sie haben einen Artikel (Begleiter).

3 Suche die Nomen im Text.
Schreibe sie mit bestimmtem Artikel auf: das Lächeln, …

Mit einem freundlichen Lächeln und guter Laune beginnt die Moderatorin heute den Klassenrat: „Die Kinder haben große Lust, die Pause an der frischen Luft zu verbringen. Das schlechte Wetter im Herbst verdirbt uns nicht den Spaß und die Freude! Wir möchten auch bei Regen raus und nicht im Gebäude bleiben."

4 Schreibe Sätze mit diesen Nomen.

Durst   Streit   Woche   Angst

Bestimmte und unbestimmte Artikel verwenden

1 Schaut euch das Bild an. Wann verwendet man den bestimmten Artikel? Tauscht euch aus.

Nomen können **Artikel** (Begleiter) haben.
Es gibt **bestimmte Artikel:** der, die, das.
Und es gibt **unbestimmte Artikel:** ein, eine.
Den bestimmten Artikel verwendest du, wenn du etwas ganz Bestimmtes meinst.

2 Trage die Nomen in eine Tabelle ein. Schreibe so:

bestimmter Artikel	unbestimmter Artikel
das Protokoll	ein Protokoll

Protokoll, Zettel, Buch, Vorschlag, Aufgabe, Tafel, Klasse, Kind, Wunsch

3 Schreibe den Text ab. Setze die passenden Artikel ein.

In der Klasse 3b hat jeder einen Klassendienst.
___ beliebteste Klassendienst ist der Tafeldienst.
Ella darf in dieser Woche ___ Blumen gießen.
Ole schreibt ___ Datum an die Tafel.
Außerdem ist ___ Mädchen neu in der Klasse.
___ Mädchen kommt aus Syrien.
___ Kind soll ihr erklären,
wie ___ Klassenrat in der 3b funktioniert.

die
das
das
der
der
einen
ein
ein

Adjektive kennen: Vergleichsstufen

1 Was wollen Max und Vito sagen?

2 Vervollständigt den Satz:
Mit Adjektiven kann man ...

! Viele Adjektive haben **Vergleichsstufen**.
Sie verändern sich in der 1. und 2. Vergleichsstufe:

Grundstufe	1. Vergleichsstufe	2. Vergleichsstufe
klein	kleiner	am kleinsten

Manche Adjektive haben besondere Vergleichsstufen.
Diese muss man sich merken: gut – besser – am besten.

3 Schreibe die Adjektive geordnet in eine Tabelle. Markiere so:

Grundstufe	1. Vergleichsstufe	2. Vergleichsstufe
schnell	schneller	am schnellsten

am lautesten   am liebsten   mutiger   schneller   mutig   laut
lieber   am schnellsten   am mutigsten   schnell   lauter   lieb

4 Schreibe den Text ab. Markiere die Adjektive und ihre Vergleichsstufen.

Jedes Kind hat ein Talent: Greta liest lange Texte,
dafür kann Lea längere Matheaufgaben rechnen.
Beim Sportfest rennt Ali die längste Strecke.
Die anderen Kinder lachen über meine lustigen Streiche.
Lustigere Streiche macht nur Amelie.
Über die lustigsten Witze lachen auch die Lehrer.

Mit Adjektiven vergleichen

1 Wann sagt man **als**, wann sagt man **wie**?
Tauscht euch aus.

2 Schreibe den Text ab.
Setze die passenden Adjektive und die Wörter **als** oder **wie** ein.

Der Schulvergleich
Unsere Schule ist genauso alt (alt) wie die Schule im Nachbarort.
Allerdings ist unsere Schule viel ___ (schön) ___ die andere.
Zum Beispiel sind unsere Räume viel ___ (groß) ___ dort.
Nur der Schulhof ist ___ (modern) ___ unser Schulhof.
Die Pausen sind genauso ___ (lang) ___ bei uns.

3 Bilde Vergleichssätze zu den Bildern. Das Kind ist jünger als ...

jung

groß

gefährlich

lang

4 Was weißt du nun über Adjektive?
Halte einen kleinen Vortrag.
Adjektive sagen ... Mit Adjektiven kann man ... Adjektive können ...

Wortbausteine bei Nomen: -ung, -heit, -keit

1 Vervollständigt den Satz in der Sprechblase.

Wörter mit den Wortbausteinen **-ung**, **-heit** und **-keit** sind Nomen.
Sie werden großgeschrieben: die Begeister**ung**, die Gesund**heit**, die Einsam**keit**.

2 Schreibe den Text richtig ab. Markiere so: Schon seit einer Ewigkeit sind ...

Schon seit einer ewigkeit sind Lisa und Tom befreundet.
ehrlichkeit hat bei Tom und Lisa eine große bedeutung.
Doch einmal hat Lisa ihrem Freund nicht die wahrheit gesagt.
Das war für Tom eine schlimme erfahrung.
Streit ist für die beiden eine seltenheit. Zum Glück ist nun
alles wieder in bester ordnung zwischen ihnen.

3 Denkt euch ein Spiel mit Nomen mit **-ung**, **-heit**, **-keit** aus.
Die Nomen sollen dabei aufgeschrieben werden.

4 Welches Wort ist falsch geschrieben? Begründet.

gesundheit gesund

Rechtschreibgespräch
Seite 32

· grammatisches Wissen für Großschreibung nutzen: Nomen mit den Wortbausteinen -ung, -heit, -keit

· SAH Fö: Teil A, S. 15, 16
· KV Fö/FO · RS: S. 21
· 7

· ÜH: S. 10
· KV 19

Satzanfänge großschreiben

1 Lies den Text gemeinsam mit einem anderen Kind.
Wo ist ein Satz zu Ende?
Klopft am Satzende und macht eine kleine Pause.

Im Klassenrat besprechen wir jede Woche aktuelle Themen dabei müssen wir uns an einen festen Ablauf halten einige Kinder vergessen unsere Gesprächsregeln dadurch wird es oft sehr laut in dieser Woche bin ich der Moderator im Klassenrat ich begrüße die Klasse und leite die Gespräche

2 Schreibe den Text aus Aufgabe 1 mit Punkten richtig auf.
Verbessere auch die Satzanfänge.

Am Ende von Sätzen steht ein Satzzeichen.
So wissen die Leserinnen und Leser,
wo ein Satz zu Ende ist.
Das erste Wort in einem Satz schreibt man groß.

3 Was würdest du im Klassenrat ansprechen?
Schreibe Sätze.
Ich möchte einen Ausflug mit Übernachtung machen. ...

4 Vergleicht die Sätze. Was fällt euch auf?

Tante Romi frühstückt genüsslich Fiffi.
Allerdings schmeckt es heute nicht wie sonst.

Tante Romi frühstückt genüsslich.
Fiffi allerdings schmeckt es heute nicht wie sonst.

So macht es Quiesel

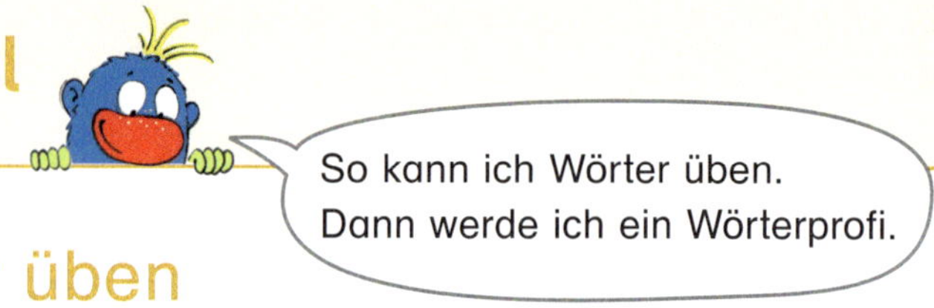

Mit der Profikarte Wörter üben

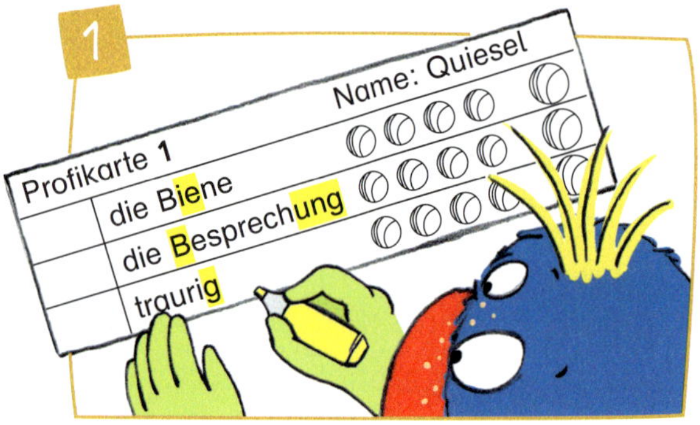

Ich lese die Wörter
auf meiner Profikarte.
Ich markiere bei jedem Wort
schwierige Stellen.

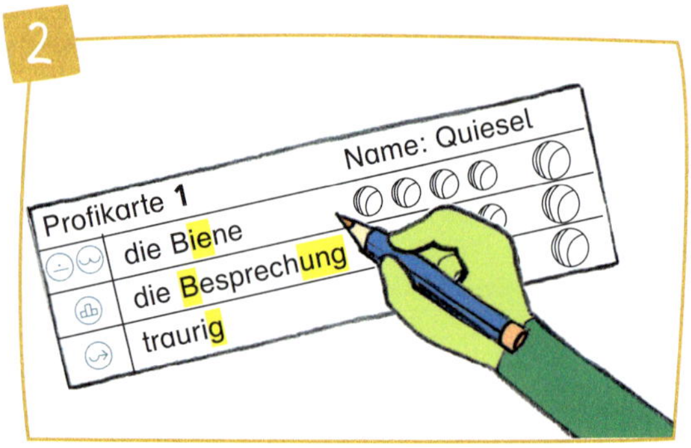

Ich überlege, welche Strategien
mir helfen können. Ich male
passende Strategiezeichen
vor das Wort.

Ich lese das Wort
und merke mir
die schwierigen Stellen.
Danach schreibe ich es
auswendig auf.

Ich kontrolliere das Wort.
Richtig? Ich male einen Kreis an.
Falsch? Ich verbessere es.
Habe ich ein Wort viermal
richtig geschrieben,
male ich den großen Kreis an.

1 Übe die Wörter mit der Profikarte.

Zeitung Schönheit Abstimmung

- geübte, rechtschreibwichtige Wörter normgerecht schreiben
- Übungsformen selbstständig nutzen

- SAH Fö: Teil A, S. 18

- KV 21

Nomen mit -ung, -heit, -keit

1 Sprich und schwinge die Übungswörter.

2 Übe die Wörter mit der Profikarte.

3 Bilde Sätze mit Nomen aus dem Wörterkasten.

4 Führt ein Rechtschreibgespräch zu dem Wort Freiheit .

5 Schreibe den Text in deiner schönsten Schrift ab.

Vito in Not
Amelie kommt auf dem Schulhof an.
Schon aus der Entfernung sieht sie,
dass Vito ein Problem hat.
Dann macht sie eine weitere Beobachtung.
Vitos Hose ist am Po gerissen.
Er sucht verzweifelt nach einer Erklärung
für das Unglück.
Da hat Amelie eine Idee.
Mit einem lauten Schrei lenkt sie
die Aufmerksamkeit der Kinder auf sich.
Vito schaut sie voller Dankbarkeit an.

6 Markiere in deinem Text die Nomen mit **-ung**, **-heit**, **-keit**.

7 Schreibe Sätze mit diesen **kleinen Wörtern**.
Allen Kindern ist der Klassenrat wichtig.

allen   für   aus   unsere

W

Nomen mit -ung, -heit, -keit	
die	Aufmerksam**keit**
die	Beobacht**ung**
die	Dankbar**keit**
die	Dumm**heit**
die	Entfern**ung**
die	Entschuldig**ung**
die	Erklär**ung**
die	Frei**heit**
die	Fröhlich**keit**
die	Lös**ung**
die	Schwierig**keit**
die	Vereinbar**ung**

Rechtschreibgespräch
Seite 32

Abschreiben
Seite 102

Adjektive kennen: Vergleichsstufen

1 Wähle eine Aufgabe aus.

a Schreibe die Adjektive in eine Tabelle. Markiere so:

Grundstufe	1. Vergleichsstufe	2. Vergleichsstufe
schön	schöner	am schönsten

schön am billigsten kleiner billig dicker am kleinsten
billiger netter am schönsten am nettesten trauriger
am traurigsten klein dick traurig am dicksten schöner nett

b Schreibe die Sätze auf. Ergänze die 1. und 2. Vergleichsstufe.
Markiere, was sich bei den Adjektiven verändert.

Der Hund ist klein.
Der Hase ist noch kleiner.
Die Maus ist am ___.

Das Seil ist dünn.
Die Wolle ist noch ___.
Der Faden ist ___.

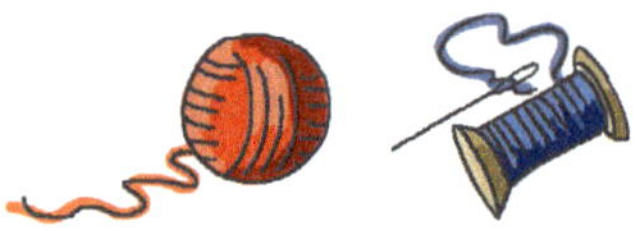

Der Mann ist jung.
Das Kind ist noch ___.
Das Baby ist ___.

c Finde die passenden Vergleichsstufen
und schreibe zu jeder Vergleichsstufe einen Satz.

gut viel gern

Schreibe auf: Ich bin fit! 🙂 Ich trainiere weiter. 😐

Wortbausteine bei Nomen: -ung, -heit, -keit

1 Wähle eine Aufgabe aus.

a Schreibe die Nomen mit **-ung**, **-heit**, **-keit** geordnet auf.

die Übung	die Ähnlichkeit	die Krankheit
die Einsamkeit	die Ewigkeit	die Kreuzung
die Unsicherheit	die Richtung	die Gemeinheit

-ung	-heit	-keit
die Übung		

b Finde zu jedem Wortbaustein jeweils drei Nomen.
Schreibe zu jedem Nomen einen Satz.

-ung -heit -keit

c Ergänze sinnvolle Nomen.
Schreibe die Sätze richtig auf.

Opa ist ___keit sehr wichtig.
Ich friere. In der Schule ist die ___ung kaputt.
Sport ist wichtig für die ___heit.
Bei einer ___ung hat man oft Schnupfen.
Ich spiele das Monster
bei der nächsten ___ung.
In ___keit gibt es keine Monster.

Schreibe auf: Ich bin fit! ☺ Ich trainiere weiter. 😐

Im Wald unterwegs

1 Welche Pflanzen oder Tiere entdeckt ihr auf den Bildern? Beschreibt.

2 Wie erkunden die Kinder den Wald? Beschreibt.

3 Was kann man im Wald erleben? Erzählt.

· Beobachtungen wiedergeben
· funktionsangemessen sprechen: beschreiben und erzählen

· SAH Fö: Teil A, S. 24

Einen Vortrag vorbereiten

1 Wie bereiten die Kinder ihren Vortrag vor? Tauscht euch aus.

2 Warum ist es wichtig, einen Gegenstand oder ein Bild zu zeigen?

3 Wähle ein Thema aus. Bereite einen Vortrag vor und halte ihn.

Ich möchte euch etwas erzählen über …

Ich habe mir das Thema ausgesucht, weil …

Name: Eiche

Frucht:

Besonderheit:

Rinde:

Blatt:

So kann ich einen Vortrag interessant gestalten:
- Ich erzähle, warum ich das Thema gewählt habe.
- Ich bringe ein Bild oder einen Gegenstand mit.
- Ich spreche geordnet über mein Thema.
- Ich spreche deutlich und schaue die Zuhörer/innen an.

Stichpunktkarten schreiben

1 Lea will einen Vortrag zum Eichhörnchen halten.
Wie geht sie vor?

2 Lea schreibt Stichpunktkarten zu den Oberbegriffen.
Zu welchen Oberbegriffen hat sie schon Informationen gefunden?

Oberbegriffe

Aussehen	Besonderheiten	Lebensraum
Feinde	typisches Verhalten	Nahrung

Das Eichhörnchen ist so beliebt, weil es niedlich aussieht. Es hat dichtes rotbraunes Fell, die Bauchseite ist weiß. Es kann toll klettern. Der lange, buschige Schwanz dient ihm als Steuerhilfe beim Springen. Die meiste Zeit des Jahres verbringt das Eichhörnchen in den Bäumen. Scharfe Krallen geben dem Tier Halt beim Klettern.

Wälder, Parks oder auch Gärten sind Lebensräume der Eichhörnchen. Sie sind Allesfresser. Zu ihrer Nahrung gehören je nach Jahreszeit Knospen, Obst, Würmer und Vogeleier. Sie fressen auch Eicheln, Nüsse, Samen aus Zapfen und Pilze. Im Herbst legen sich die Tiere einen Nahrungsvorrat an. Dazu vergraben sie Früchte im Boden.

Stichpunktkarte

Eichhörnchen
Aussehen:
- dichtes rotbraunes Fell
- weiße Bauchseite
- langer, buschiger Schwanz
- scharfe Krallen

Stichpunkte bestehen aus einzelnen oder wenigen Wörtern. Es sind keine ganzen Sätze.

3 Warum helfen Stichpunktkarten Lea bei ihrem Vortrag?

4 Schreibe eine eigene Stichpunktkarte zum Oberbegriff Nahrung.

- Textmuster Stichwortkarte kennen
- Informationen zu Oberbegriffen aus Texten sammeln und zusammenführen

- SAH Fö: Teil A, S. 26
- 11

- ÜH: S. 16
- KV 25

Stichpunktkarten überarbeiten

1 Zu welchen Oberbegriffen hat Finn Stichpunktkarten geschrieben?

Obergegriffe

Aussehen	Besonderheiten	Lebensraum
Feinde	typisches Verhalten	Nahrung

Eichhörnchen
Lebensraum:

- im Wald
- in Gärten und Parks
- frisst Nüsse
- Die meiste Zeit des Jahres verbringt das Eichhörnchen in den Bäumen.

Eichhörnchen
Feinde:

- Marder und Wiesel
- Greifvögel wie Habicht, Mäusebussard, Waldkauz
- Haus- und Wildkatze
- Fuchs

Checkliste: Stichpunktkarten schreiben
Meine Stichpunkte ...
- ✓ passen zum Thema.
- ✓ enthalten wichtige Informationen.
- ✓ bestehen aus einem Wort oder wenigen Wörtern.

2 Überprüft die Stichpunktkarten mithilfe der Checkliste.
Welche Karte muss verbessert werden?
Tauscht euch aus.

3 Schreibe die Stichpunktkarte verbessert auf.

4 Überarbeite deine Stichpunktkarte zur Nahrung des Eichhörnchens mithilfe der Checkliste.

Pronomen kennen und verwenden

1 Wie könnte der Text verbessert werden?
Tauscht euch aus.

Die Maus läuft über den Boden.
Die Maus sucht nach Nahrung.
Endlich findet die Maus eine Nuss.

> **!** Ein **Pronomen** kann für ein Nomen stehen:
> der Fuchs – er, die Maus – sie, das Kaninchen – es.
> Zu den Pronomen gehören: ich, du, er/sie/es (Einzahl)
> wir, ihr, sie (Mehrzahl).

2 Ersetze die unterstrichenen Nomen durch Pronomen.
Schreibe so: Der Fuchs entdeckt eine Maus. Er entdeckt …

Der Fuchs entdeckt eine Maus.	es
Die Eule lebt im Wald.	sie
Das Nest ist aus Zweigen gebaut.	wir
Mein Freund und ich sammeln Kastanien.	er

3 Schreibe den Text auf. Ergänze die passenden Pronomen.

Im Wald leben viele Tiere. Aber sie sind sehr scheu.
Das Reh hat ein hellbraunes Fell. ___ frisst Gräser und junge Triebe.
Hungrige Wildschweine wühlen im Wald. ___ suchen nach Eicheln.
Der Fuchs geht auf die Jagd. ___ fängt Mäuse im Sprung.
Unter einer Buche sitzt ein Eichhörnchen. ___ knabbert Bucheckern.
Der Buntspecht fliegt an einen Stamm. ___ sucht nach Samen.

· Begründungen und Erklärungen geben
· Fachbegriffe kennen: Pronomen
· sprachliche Operationen nutzen: ersetzen

· SAH Fö: Teil A, S. 28, 29
· 13

· ÜH: S. 17
· KV 28

Verben kennen

1 Was würdet ihr Ella antworten?
Tauscht euch aus.

Viele Verben sagen, was jemand tut oder was geschieht.
Sie haben eine **Grundform** und **Personalformen**:
springen – ich springe, du springst, er/sie/es springt,
wir springen, ihr springt, sie springen
regnen – es regnet

2 Schreibe den Text ab.
Setze die Verben in der richtigen Personalform ein und markiere sie.

öffnen schauen regnen wehen zucken donnern fallen

Es weht ein frischer Wind. Lina ___ das Fenster. Sie ___ hinaus in den Park. Plötzlich ___ es laut. Blitze ___ über den Himmel. Dicke Tropfen ___ auf den Weg. Es ___ stark.

3 Schreibe den Text ab und markiere die Verben.

Die Kinder gehen in den Wald. Lina fotografiert einen Pilz.
Plötzlich weht ein leichter Wind. Es regnet Blätter von den Bäumen.
Dann hört Leo ein Geräusch. Spukt es im Wald?
Nein, ein Eichhörnchen springt von Ast zu Ast. Bald dämmert es.

Verben verwenden

1 Schaut euch die Wortstämme der Verben an.
Was fällt euch auf?

ich **liege** du **lieg**st er **lieg**t   ich **nehm**e du **nimm**st er **nimm**t

Verben nachschlagen
Seite 46

Bei einigen Verben ändert sich
in den Personalformen der Wortstamm.
Die Personalformen stehen im Wörterbuch.

2 Welche Grundformen und Personalformen gehören jeweils zusammen?
Schreibe sie zusammen auf: raten – er rät, du ...

raten	es gibt	er rät	ihr seht	sie sieht	du rätst
laufen	du gibst	geben	du läufst	es läuft	sehen

3 Schreibe den Text ab und trage die passende Personalform
der Verben in die Lücken ein.

Das Suchspiel
Ella liest Leas Nachricht. (lesen)
Schnell ___ sie mit dem Rad in den Wald. (fahren)
Ella ___ Lea an der dicken Buche. (treffen)
Lea ___ ihr das Suchspiel. (erklären)
Sie ___ Dinge, die es im Wald nicht ___. (verstecken, geben)
Ella ___ eine Muschel auf einen Baumstumpf. (legen)
Zwei kleine Figuren ___ sie neben einen Stamm. (stellen)
In eine Astgabel ___ Ella eine Banane. (klemmen)
Bald ___ Ole. Er ___ die Muschel und die Figuren. (kommen, sehen)
Die Banane ___ er nicht. (finden)

- Wortstammänderungen erkennen
- Personalformen (regelmäßige und unregelmäßige) kennen und verwenden

- SAH Fö: Teil A, S. 30, 31
- KV Fö/FO
- 15

- ÜH: S. 19
- KV 30

Verschiedene und doppelte Mitlaute

1 Was wisst ihr noch über offene und geschlossene Silben?
Ergänzt die Sätze. Schreibt sie vollständig auf.

offen	Selbstlaut	Mitlaut	geschlossen
kurz	gleiche	lang	Silbengrenze

Bei **Ta fel** endet die erste Silbe mit einem ___.
Die Silbe ist ___. Der Selbstlaut wird ___ gesprochen.
Bei **Tan te** endet die erste Silbe mit einem ___.
Die Silbe ist ___. Der Selbstlaut wird ___ gesprochen.
An der ___ treffen sich zwei verschiedene Mitlaute.
Bei **Tan ne** treffen sich an der Silbengrenze zwei ___ Mitlaute.

2 Wie muss Lea das Wort schreiben?
Begründet.

Endet die Silbe mit einem Mitlaut, ist die Silbe geschlossen.
Der Selbstlaut wird kurz gesprochen: Stun de.
Hört man an der Silbengrenze nur einen Mitlaut,
muss man ihn verdoppeln: die Spin|ne.
Silbengrenze

3 Schreibe die Wörter auf. Markiere die Mitlaute an der Silbengrenze:
gleiche Mitlaute: Kan|ne
verschiedene Mitlaute: Kan|te

Kante	Kanne	Wette	Weste	füttern	Waffel	Kissen	Kiste
finden	Spinne	Wasser	Ratten	Felsen	Felle	Tanne	Tante

Listentraining Seite 88

4 Schreibe möglichst viele Wörter mit mm und ll .

- rechtschriftliche Kenntnisse wiederholen
- Rechtschreibstrategien anwenden: Silben schwingen und Selbstlautlänge prüfen

- SAH Fö: Teil A, S. 33
- KV Fö/FO · RS: S. 5
- 17

- ÜH: S. 20
- KV 31, 32

Wörter mit doppeltem Mitlaut richtig schreiben

1 Finde weitere Wörter mit den markierten Buchstaben.

Tanne, Wanne, spannend | Falle, knallen, ... | Kissen | wetten | Puppe

Listentraining Seite 88

2 Schreibe den Text richtig auf.

Die Kinder kle$^{t}_{tt}$ern im Wald über Baumstä$^{m}_{mm}$e.
Zum Basteln sa$^{m}_{mm}$eln sie Ri$^{n}_{nn}$de und Früchte.
Ella fi$^{n}_{nn}$det eine schöne Feder.
Lea beobachtet eine Spi$^{n}_{nn}$e in ihrem Netz.
Später tri$^{n}_{nn}$ken die Kinder Wa$^{s}_{ss}$er und e$^{s}_{ss}$en Brote.

Wörter mit tz richtig schreiben

3 Schreibe die Reimwörter mit Silbenbögen auf.
Schreibe so: Kat|ze – T...

Katze	Spitze	Mütze	flitzen	nützen	ritzen
T ___	R ___	Pf ___	si ___	sch ___	schw ___

4 Ordne die Wörter. Ergänze eigene Wörter.
atz: Spatzen, ... itz: ... etz: ... utz: ...

Schutz Spatzen blitzen Netze kratzen schwitzen putzen hetzen

· Rechtschreibstrategien anwenden: Silben schwingen und Selbstlautlänge prüfen (Konsonantenfolge, Doppelkonsonanz, tz)

· SAH Fö: Teil A, S. 34
· KV Fö/FO · RS: S. 6, 7
· 18, 19, 21

· ÜH: S. 20
· KV 33, 34
·

Merkwörter mit chs kennen (M)

1 Wo ist bei bei dem Wort  die schwierige Stelle?

2 Schreibe den Text ab
und unterstreiche die Wörter mit **chs**.

Im Wald wachsen viele Bäume und andere Gewächse.
Clara kennt die Namen von sechs verschiedenen Bäumen.
Sie entdeckt eine Eidechse und einen Fuchs.
Im Herbst wechselt der Fuchs sein Fell.
Er bekommt ein Winterfell. Den Dachs kann man nur nachts sehen.
Wegen seiner schwarz-weißen Gesichtsmaske
kann man ihn mit keinem anderen Tier verwechseln.
Luchse gibt es nur in großen Wäldern.

3 Schreibe Sätze mit den Wörtern mit **chs**:

Lachs Büchse Erwachsener Kerzenwachs

Wachsmalstift wechseln Echse Ochse

4 Schreibe Wörter mit dem Wortstamm WACHS auf:
wachsen, Gewächs, ...

· rechtschreibwichtige Wörter normgerecht schreiben: Wörter mit chs

· SAH Fö: Teil A, S. 35
· KV Fö/FO · RS: S. 9, 15
· 20

· ÜH: S. 21
· KV 35

Rechtschreibgespräch

Wir lesen ein Wort. Wir erklären, was das Wort bedeutet.

Wir markieren schwierige Stellen im Wort.

Wir sprechen über die schwierigen Stellen. Wir malen das passende Strategiezeichen dazu.

Manchmal gibt es auch mehrere schwierige Stellen. Zum Schluss suchen wir das Wort im Wörterbuch.

1 Führt Rechtschreibgespräche zu diesen Wörtern:

Wald Mäuse klettern Lachs tief Dunkelheit

· über Rechtschreibstrategien reflektieren und sie anwenden
· Übungsformen selbstständig nutzen

· SAH Fö: Teil A, S. 36

· KV 162, 163

Wörter mit doppeltem Mitlaut und mit tz
Merkwörter mit chs

1 Sprich und schwinge die Übungswörter.

2 Übe die Wörter mit der Profikarte.

3 Schreibe alle Verben aus dem Wörterkasten in einer Personalform auf.

4 Führt ein Rechtschreibgespräch zu dem Wort Spinne .

5 Schreibe den Text in deiner schönsten Schrift ab.

Im Wald
Heute gehen die Kinder der Klasse 3a in den Wald.
Hier wachsen viele verschiedene Bäume mit bunten Blättern. Für den Förster sammeln sie Eicheln und Kastanien.
Er nutzt die Früchte für die Wildfütterung.
Leider sehen die Kinder kaum Tiere.
Einige Ameisen krabbeln über den Boden.
Ein Eichhörnchen klettert bis in die Spitze der Buche. Jan tritt in ein Loch.
Ob das ein Fuchsbau ist?

6 Markiere die Übungswörter in deinem Text.

7 Schreibe Sätze mit diesen **kleinen Wörtern**.

jetzt viel an im

Wörter mit doppeltem Mitlaut und tz
füttern
klettern
krabbeln
nutzen
sammeln
die Spitze
die Tanne
Wörter mit chs
der Dachs
die Eidechse
der Fuchs
wachsen
wechseln

Pronomen kennen und verwenden

1 Wähle eine Aufgabe aus.

a Ersetze die unterstrichenen Nomen durch Pronomen.
Schreibe so: Olivia und ich sammeln Haselnüsse. Wir sammeln …

Olivia und ich sammeln Haselnüsse.
Ole und Ella sammeln Kastanien.
Ein Eichhörnchen springt von Ast zu Ast.
Eine Maus verschwindet in ihrem Loch.
Anton findet einen Tannenzapfen.

b Schreibe den Text auf. Ergänze die passenden Pronomen.

Die Kinder gehen in den Wald. ___ wollen Blätter sammeln.
Ole findet ein rotes Blatt. ___ gehört zu einer Roteiche.
Mit den Blättern legt Lea ein Mandala. ___ beginnt mit dem roten Blatt.
Nun kommt Ali. ___ legt grüne Blätter um das rote Blatt herum.
Ella bringt ein gelbes Blatt. ___ ist von einer Buche.
„___ brauche noch mehr Buchenblätter," sagt Lea zu Ella.
„Kannst ___ noch welche holen?"
„Könnt ___ mir helfen?", fragt Ella die anderen.

c Verbessere den Text, indem du einige Nomen durch Pronomen ersetzt.

Im Wald schaut Ole den Eichhörnchen zu. Lustig springen die Eichhörnchen von Ast zu Ast. Die Eichhörnchen klettern den Stamm hinauf und hinunter. Ole hat Eicheln für die Eichhörnchen gesammelt. Nun schaut Ella zu, wie die Eichhörnchen die Eicheln fressen.

Schreibe auf: Ich bin fit! 🙂 Ich trainiere weiter. 😐

- Fachbegriffe kennen: Pronomen
- sprachliche Operationen nutzen: ersetzen
- eigenen Lernerfolg reflektieren

- SAH Fö: Teil A, S. 40

Verschiedene und doppelte Mitlaute

1 Wähle eine Aufgabe aus.

a Schreibe die Wörter mit Silbenbögen auf.
Markiere immer den kurzen Selbstlaut in der ersten Silbe: Kin der, ...

Kinder	Spinne	Sterne	sperren	Wespe	sammeln
tanzen	Tannen	Quelle	Felder	rennen	schlendern
Nessel	stinken	rasten	rasseln	klappern	klatschen

b Setze den einfachen oder doppelten Mitlaut ein.
Schreibe die Wörter mit Silbenbögen auf: Käl te, ...

l oder ll?					
	Kä▢te	Ke▢er	Fe▢der	Fe▢e	Que▢e
	Pa▢me	Wo▢e	Wo▢ke	Te▢er	Bä▢e

m oder mm?					
	kä▢en	kli▢pern	hu▢peln	Hu▢el	su▢en
	tra▢peln	Schwä▢e	kä▢pfen	bru▢en	

p oder pp?					
	Tro▢fen	sto▢en	Pu▢e	tu▢fen	kla▢ern
	Ma▢e	klo▢fen	pla▢ern	Su▢e	sto▢fen

t oder tt?					
	schü▢eln	Wi▢ze	Fu▢er	schü▢zen	kle▢ern
	re▢en	Pfü▢ze	Ze▢el	schwi▢zen	

c Finde die elf Mitlaute, die man verdoppeln kann.
Schreibe sie jeweils mit einem Beispielwort auf:
1. bb – krabbeln, ...

Schreibe auf: Ich bin fit! ☺ Ich trainiere weiter. 😐

Fahren und fliegen

1 Schaut euch das Bild an. Was findet auf der Wiese statt?

2 Beschreibt die Erfindungen genau.

3 Denkt euch Rätsel zu den Erfindungen aus.
Die anderen sollen erraten, um welche Erfindung es sich handelt.
Das Fahrzeug hat ... Es kann ... Mit dieser Erfindung ... Damit kannst du ...

· funktionsangemessen sprechen: genau beschreiben, Sprechbeiträge planen
· Inhalte zuhörend verstehen

· SAH Fö: Teil A, S. 41

· KV 39

Spannend erzählen

1 Lies Romis Sprechblase.

Neulich war ich mit meinem nagelneuen Magic Laser Flugzeug vor der Küste Amerikas unterwegs.
*(lauter sprechen, **gefährlich** betonen)* Ein gefährlicher Hurrikan näherte sich. *(**Tausende** betonen)* Tausende von Menschen waren in Gefahr.
(Pause) (flüsternd sprechen) Was konnte man nur dagegen tun?
(Pause, einmal in die Runde schauen) Ich fragte mich, ob mein Magic Laser Flugzeug es auch mit diesem Sturm aufnehmen könnte? ...

2 Wie erzählt Romi, damit ihre Geschichte spannend klingt?
Probiert es aus. Sprecht ihren Text.

Es hört sich spannend an, weil ... *Manchmal spricht sie ...*

3 Überlegt euch eine Geschichte zu den Bildern.

4 Erzählt eure Geschichten spannend.
Macht Aufnahmen davon.

So kann ich **spannend erzählen**:
- Ich mache Pausen.
- Ich betone bestimmte Wörter.
- Ich verändere die Lautstärke meiner Stimme.

· Wirkung der Redeweise beachten
· Lautstärke, Sprechtempo und Betonung
· bedienen, anwenden, präsentieren

· SAH Fö: Teil A, S. 42

· KV 39

Eine Geschichte aufbauen

1 Beschreibt den Aufbau einer Geschichte.

Überschrift

Einleitung	Hauptteil	Schluss
- Wer? - Wann? - Wo?	- Was passiert? - Wie geht es weiter?	- Wie endet die Geschichte?

2 Emil hat eine Geschichte geplant. Ordne Emils Stichpunkte den Teilen einer Geschichte zu:

Einleitung:
- ich, morgens
- Ausflug mit dem Greifikopter …

Hauptteil: …
Schluss: …

- ich, morgens, vor der Werkstatt
- Ausflug mit dem Greifikopter
- fliege über Fußgängerzone
- sehe Dieb, der in einen Laden einbricht
- nähere mich dem Dieb
- fahre Greifarme aus
- Greifarme schnappen ihn
- bringe ihn mit Diebesgut zur Polizei
- Polizei hat ihn schon lange gesucht
- Bürgermeisterin bedankt sich bei mir

3 Vergleicht eure Ergebnisse.

4 Plane selbst eine Fantasiegeschichte zum Thema Fahren und fliegen. Schreibe Stichpunkte zu **Einleitung**, **Hauptteil** und **Schluss** auf.

Einleitung:
- …

· Texte planen: Kriterien von Einleitung, Hauptteil und Schluss kennen und nutzen

· SAH Fö: Teil A, S. 44
· KV Fö/FO
· 23

· ÜH: S.26
· KV 40

Eine Geschichte schreiben

1 Lies Emils Text. Ist die Geschichte vollständig?

> An einem sonnigen Morgen steige ich vor dem Tor meiner Erfinderwerkstatt in meinen neuen Greifikopter. Ich bin aufgeregt, denn es ist mein erster Ausflug mit meiner neuen Erfindung. Aber der Helikopter springt gut an und hebt schnell ab. Zunächst fliege ich über ein Waldstück. Dann biege ich ab in Richtung Stadt. Als ich über die Fußgängerzone fliege, werde ich plötzlich Zeuge eines Diebstahls.
> Eine dunkle Gestalt öffnet heimlich die Hintertür eines Elektroladens. Sekunden später kommt der Einbrecher wieder heraus und läuft mit einem großen Paket die Straße entlang. Aber ich denke mir: „Warte nur, du Dieb! Mit meinem Greifikopter werde ich es dir zeigen.“

2 Welche **Überschrift** passt am besten zu der Geschichte? Tauscht euch aus.

Ich fange den Dieb | Eine unerwartete Entdeckung | Der Dieb

3 Welche Teile hat die Geschichte schon. Welche fehlen?

4 Schreibe den fehlenden Teil zu der Geschichte.

5 Schreibe mit deinen Stichpunkten von Seite 38 eine Fantasiegeschichte mit Einleitung, Hauptteil und Schluss. Denke dir eine passende Überschrift aus.

Checkliste: Eine Geschichte aufbauen
- ✓ passende Überschrift
- ✓ Einleitung: Wer? Wann? Wo?
- ✓ Hauptteil: Was passiert? Wie geht es weiter?
- ✓ Schluss: Wie endet die Geschichte?

Eine Schreibkonferenz durchführen

1 Die Kinder führen eine Schreibkonferenz durch.
Wie machen sie das? Beschreibt.

x1: Wann hat Ariane den Ausflug gemacht?

x3: Da fehlt etwas. Woher weiß man, dass Karl ein Kind ist?

Retterin in der Not
Ariane machte einen Ausflug x1
mit ihrem fliegenden Teppich. x2
Auf einmal sah sie viele Kinder und zwei Erwachsene aufgeregt umherlaufen. Als sie etwas tiefer flog, hörte Ariane sie verzweifelt rufen: „Karl! Karl!“
Sofort machte sie sich auf die Suche nach dem vermissten Kind. x3
Bald entdeckte sie auf einer kleinen Lichtung einen weinenden Jungen.
Sie landete mit ihrem Teppich x4
Jungen und beruhigte ihn.
Schnell nahm sie ihn auf ihrem fliegenden Teppich mit. ...

x2: Ergänze, wo Ariane den Ausflug macht.

x4: ...

2 Schreibe einen Verbesserungstipp für x4 in dein Heft.

3 Schreibe den Text verbessert auf. Denke dir einen passenden Schluss aus. Achte auf die Tipps.

· Methode zur Textüberarbeitung beschreiben
· Überarbeitungshinweise und Textüberarbeitung am Beispiel umsetzen

· SAH Fö: Teil A, S. 46

· ÜH: S. 27
· KV 43

Eine Schreibkonferenz durchführen

1 Lies Tims Geschichte.

Das kaputte Skateboard x1

Mein Freund Ben und ich fuhren mit unseren Skateboards. x2
Auf einmal kam ein älterer Skater, grinste böse, schnappte
meine coole neue Kappe und fuhr lachend mit ihr davon.
Er war sich sicher, dass ich ihn mit meinem Skateboard
nicht aufhalten könnte. Aber er hatte sich zu x3 gefreut.
Ich holte mein zusammenklappbares Minifahrrad aus
der Jackentasche und drückte auf den Vergrößerungsknopf.
Nun hatte ich ein schnelleres Fahrzeug als er.
x4 Nun verfolgte ich ihn und riss ihm von hinten die Kappe
aus der Hand. Da schaute er mich nur noch erstaunt an.

2 Schreibe zu den markierten Stellen Verbesserungstipps auf.

3 Führt Schreibkonferenzen zu euren Fantasiegeschichten von Seite 38 durch.

So kann ich eine **Schreibkonferenz** durchführen:

1. **Vorlesen**
   Ich lese meine Geschichte vor.
2. **Rückmeldungen**
   Die anderen sagen, was gut gelungen ist.
   Sie stellen Fragen und nennen Verbesserungstipps.
3. **Verbesserungstipps**
   Die anderen schreiben ihre Tipps um den Text herum.
   Ich entscheide, welche Tipps ich übernehmen will.
4. **Überarbeiten**
   Ich überarbeite meinen Text.

Gegenwart und einfache Vergangenheit kennen

1 Vergleicht den Text in der Sprechblase und den Zeitungsartikel. Was fällt euch auf?

Heute ist das große Erfindertreffen im Park. Stolz erklären Erfinderinnen und Erfinder ihre besonderen Fahrzeuge. Manchmal testen die Besucher die neuen Erfindungen.

Verben können in verschiedenen **Zeitformen** stehen:

Gegenwart (Präsens)	einfache Vergangenheit (Präteritum)
ich schaue	ich schaute
er stellt	er stellte

2 Schreibe die Verben in der Gegenwart und in der einfachen Vergangenheit zusammen auf: ich erkläre – ich erklärte, ...

Gegenwart		einfache Vergangenheit	
ich erkläre	wir ändern	ihr wackeltet	du lenktest
er drückt	es rauscht	sie schafften	ich erklärte
sie schaffen	du lenkst	wir bastelten	wir änderten
ihr wackelt	wir basteln	er drückte	es rauschte

3 Schreibe eigene Sätze in den beiden Zeitformen.
Wir zeichnen tolle Fluggeräte. Wir zeichneten tolle Fluggeräte.

Gegenwart und einfache Vergangenheit kennen

1 Lest die Sätze. Was fällt euch an den Vergangenheitsformen auf? Tauscht euch aus.

Gegenwart	Einfache Vergangenheit
Ole und Ida **gehen** zur Ausstellung. Dort **sehen** sie tolle Dinge. Sie **treffen** zufällig ihre Freundin.	Ole und Ida **gingen** zur Ausstellung. Dort **sahen** sie tolle Dinge. Sie **trafen** zufällig ihre Freundin.

Einige Verben verändern in der einfachen Vergangenheit ihren Wortstamm: wir rufen – wir riefen, ich sehe – ich sah.

2 Schreibe die Verben in der Gegenwart und der einfachen Vergangenheit zusammen auf: er fliegt – er flog, ...

er fliegt	er rennt	er geht	er nimmt
er gibt	er schwamm	er rannte	er schwimmt
er ging	er nahm	er flog	er gab

In der Wörterliste und im Wörterbuch stehen Verben zuerst in der Grundform.

3 Suche in der Wörterliste zu den Verbformen die einfache Vergangenheit.
Schreibe so: springen – sie springt – sie sprang, Seite ...

sie springt	ich laufe	ich esse	er singt
sie schreibt	ich kenne	es frisst	ich trinke

Verben im Wörterbuch nachschlagen
Seite 46

4 Schreibe mit den Verben aus Aufgabe 3 Sätze in der einfachen Vergangenheit: Sie sprang aus dem Fluggerät.

5 Warum werden Verben auch Zeitwörter genannt? Tauscht euch aus.

Verben verlängern

1 Welche Strategie könnte Tim helfen? Überlegt gemeinsam.

2 Schreibe die Personalform mit der Grundform auf.
Ergänze den schwierigen Buchstaben. Schreibe so: lieben – er liebt, ...

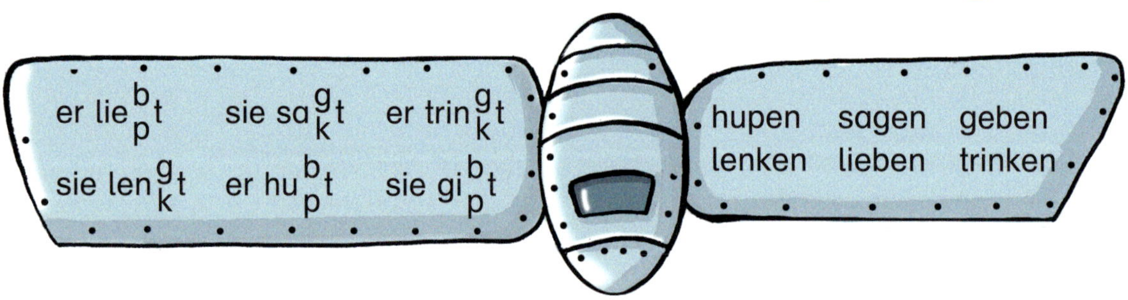

3 Verlängere die Verben und schreibe die Sätze richtig auf:
piepen – Die Maus piept ganz leise.

Die Maus pie$^{b}_{p}$t ganz leise.

Frau Otto lo$^{b}_{p}$t ihren Hund.

Vito sin$^{g}_{k}$t ein trauriges Lied.

Alma sa$^{g}_{k}$t die Wahrheit.

Bela fra$^{g}_{k}$t Helena etwas.

Tian kle$^{b}_{p}$t das kaputte Holzauto.

4 Zerlege die zusammengesetzten Nomen und schreibe sie richtig auf:
hupen – das Hupkonzert, ...

das Hu$^{p}_{b}$konzert der Trin$^{g}_{k}$becher das Mer$^{g}_{k}$wort die Tra$^{g}_{k}$fläche

· Rechtschreibstrategie anwenden: Verben verlängern

· SAH Fö: Teil A, S. 52
· KV Fö/FO · RS: S. 10
· 28

· ÜH: S. 30
· KV: 48

Nomen und Adjektive verlängern

1 Wie muss Greta vorgehen, um das Wort richtig zu schreiben? Tauscht euch aus.

2 Welches Wort hilft dir, das zusammengesetzte Nomen richtig zu schreiben? Schreibe so: Flüge – Flughafen, ...

Flu■hafen	Wan■farbe	Schran■tür	Wände	Ringe	Flüge
Rin■finger	Ber■hütte	Zel■platz	Schränke	Zelte	Berge

3 Schreibe die Adjektive mit einer verlängerten Form auf: älter – alt, ...

4 Schreibe die Nomen und Adjektive richtig auf. Schreibe so:
Länder – Landkarte, lebendige – lebendig, ...

Lan■karte	lebendi■	Hu■schachtel	kran■	gesun■
Wal■hütte	gel■	Bur■mauer	lau■	bun■

5 Wie kann man Nomen, Verben und Adjektive verlängern?
Tauscht euch aus. Man kann ... verlängern, indem man ...

Verben im Wörterbuch nachschlagen

So kann ich die Vergangenheitsformen der Verben in der Wörterliste oder im Wörterbuch finden.

1

Ich überlege, wie die Grundform heißt.

2

Ich suche die Grundform im Wörterbuch.

3

Ich lese, was hinter der Grundform steht.

4

Ich schreibe das Verb in der Vergangenheitsform richtig auf.

1 Schlage die Verben in der Wörterliste oder im Wörterbuch nach. Schreibe sie mit der Grundform auf. Notiere auch die Seite.
schwimmen – sie schwamm – Seite: ...

sie schwa m / mm	er tru g / k	sie wo g / k	er fe hl / l t

· Alphabet als Ordnungssystem kennen und anwenden
· Rechtschreibhilfe verwenden: Wörterbuch
· SAH Fö: Teil A, S. 54
· 30
· KV 50

Wörter mit -b/-p, -d/-t, -g/-k

1 Sprich und schwinge die Übungswörter.

2 Übe die Wörter mit der Profikarte.

3 Schlage die Verben in der Wörterliste
oder im Wörterbuch nach.
Schreibe sie in der einfachen Vergangenheit auf.

er fliegt   sie biegt   er springt   er gibt   sie winkt

4 Führt ein Rechtschreibgespräch zu dem Wort Handtasche .

5 Schreibe den Text als Schleichdiktat
in deiner schönsten Schrift ab.

Tims neues Fluggerät
Tim fliegt mit seinem Flugzeug Flitziflitz.
Von oben ist die Landschaft sehr schön. Plötzlich bläst
der Wind stärker. Tim biegt ab. Alles wackelt wild.
Aber Tim hält das Lenkrad gut fest. Doch was ist das?
Eine riesige Staubwolke taucht hinter dem Berggipfel
auf. Es ist Oskar mit seinem Staubikopter.
Nun fliegen die beiden ein Wettrennen. Tims Flugzeug
hat mehr Kraft. Er fliegt an Oskar vorbei,
winkt und hupt. Der findet das nicht witzig.

6 Markiere in deinem Text acht Wörter,
bei denen die Strategie **Wörter verlängern** hilft.

7 Schreibe Sätze mit
diesen **kleinen Wörtern**.

über   unter   alles   von

W

Wörter mit -b/-p, -d/-t, -g/-k

- der Berggipfel
- biegen
- fliegen
- das Flugzeug
- die Kraft
- kräftig
- das Land
- riesig
- stark
- der Wald
- wild
- witzig

Gegenwart und einfache Vergangenheit kennen

1 Wähle eine Aufgabe aus.

a Schreibe die Verben in der Gegenwart und in der einfachen Vergangenheit zusammen auf. ich düse – ich düste, ...

Gegenwart		einfache Vergangenheit	
ich düse	ich renne	ich rannte	ich holte
ich lenke	ich hole	ich teilte	ich machte
ich mache	ich repariere	ich reparierte	ich turnte
ich turne	ich teile	ich düste	ich lenkte

b Schreibe die Verben mit ihrer einfachen Vergangenheit auf. Schlage in der Wörterliste nach. Schreibe so:
fliegen – er fliegt – er flog, Seite: ...

c Suche Verben, bei denen sich der Wortstamm in der einfachen Vergangenheit verändert. Schreibe so: ich denke – ich dachte, ...

Schreibe auf: Ich bin fit! ☺ Ich trainiere weiter. 😐

Wörter verlängern

1 Wähle eine Aufgabe aus.

a Wie werden die Wörter geschrieben?
Ordne die passende Verlängerung zu. Schreibe so: lieb – lieber, ...

b Wie werden diese Wörter geschrieben?
Schreibe sie mit einer Verlängerung auf: Weltkugel – Welten, ...

Wel(d/t)kugel   drecki(g/k)   Ra(d/t)weg   Run(d/t)lauf   er trä(g/k)t

sie le(b/p)t   Wan(d/t)uhr   Nes(d/t)schaukel   er win(g/k)t   billi(g/k)

c Welche Fachbegriffe fehlen? Schreibe die Sätze vollständig auf.
Schreibe zu jedem Satz ein Beispiel.

▬ kann ich oft verlängern, indem ich die Mehrzahl bilde.
▬ verlängere ich, indem ich die Grundform bilde.
▬ lassen sich oft verlängern, indem man die Vergleichsform bildet.
Zusammengesetzte ▬ muss man beim Verlängern zerlegen.

Schreibe auf: Ich bin fit! ☺ Ich trainiere weiter. 😐

Es war einmal ...

1 Was geschieht in dem Märchen **Der Froschkönig**? Schaut euch die drei Teile der Aufführung an. Erzählt.

2 Welche Figuren gehören zu dem Märchen **Der Froschkönig**? Überlegt gemeinsam.

3 Wie haben die Kinder ihr Rollenspiel vorbereitet? Welche Dinge verwenden sie?

· funktionsangemessen sprechen: erzählen und beschreiben

· SAH Fö: Teil B, S. 6

Wertschätzende Rückmeldung geben

1 Welche Rückmeldungen helfen den Kindern?

2 Sucht euch eine der drei Szenen aus dem Märchen **Der Froschkönig** aus und spielt sie. Versetzt euch in eure Rollen:

- Wie fühlt sich meine Figur?
- Wie muss ich mich bewegen?
- Wie muss ich sprechen?

3 Gebt euch nach dem Rollenspiel Rückmeldung.

Du hast deine Stimme …
Du hast dich … bewegt.
Die Verkleidung finde ich gut, weil …
Man konnte erkennen, wie … sich gefühlt hat.

Eine Geschichte mit dem roten Faden planen

1 Wie plant Mia ihre Geschichte? Tauscht euch aus.

2 Wie ordnet Mia ihre Karten?

- Lisa im Wald
- Baum mit Gesicht

1

- Baum flüstert: „Komm näher!"
- plötzlich ein Loch

2

- unterirdischer Gang
- verlaufen
- Lisa hat Angst

3

3 Wie geht die Geschichte weiter? Ordne die Karten mit dem roten Faden. Schreibe die Zeichen in der richtigen Reihenfolge auf.

- Trolle trösten, hören zu, helfen

○

- Lisa trifft kleine, grüne Trolle

☀

- Wurzeln führen nach oben
- Lisa klettert

△

- Trolle führen Lisa zu Wurzeln

□

4 Finde einen passenden Schluss. Schreibe eine Karte dazu.

5 Erzähle die ganze Geschichte einem anderen Kind. Überprüft die Reihenfolge.

Eine Geschichte mit dem **roten Faden** planen:
- Ich schreibe meine Ideen als Stichpunkte auf Karten.
- Ich ordne die Karten an einem roten Faden.
- Ich erzähle die Geschichte einem anderen Kind und prüfe die Reihenfolge.

Eine Geschichte mit dem roten Faden schreiben

1 Schaue dir das Bild an.
Welche Ideen für eine Geschichte fallen dir ein?

Der wunderbare Stein

2 Schreibe deine Ideen für die Geschichte in Stichpunkten auf Karten.

3 Ordne die Karten mit dem roten Faden.

4 Erzähle die Geschichte
einem anderen Kind.
Überprüft die Reihenfolge.

5 Schreibe deine Geschichte auf.

Checkliste: Eine Geschichte schreiben
- ✓ passende Überschrift
- ✓ Aufbau: Einleitung, Hauptteil und Schluss
- ✓ sinnvolle Reihenfolge
- ✓ für andere verständlich

Bildhafte Ausdrücke und Redensarten kennen

1 Was meint der Vater? Tauscht euch aus.

2 Wähle eine Aufgabe aus.

a Schreibe die Redensarten zusammen mit der passenden Bedeutung auf.

① 
ein Brett vor dem Kopf haben

② 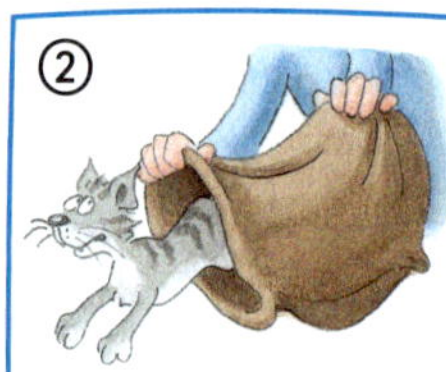
die Katze aus dem Sack lassen

③ 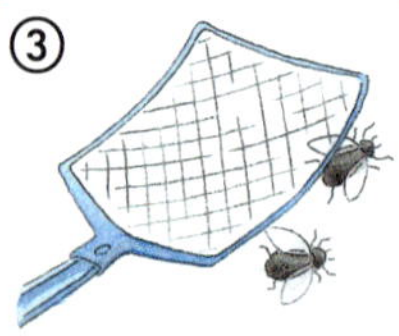
zwei Fliegen mit einer Klappe schlagen

④ 
zwei linke Hände haben

jemandem etwas verraten

ungeschickt sein

etwas nicht verstehen

mit einer Tat zwei Dinge erledigen

b Benenne die Redensarten auf den Bildern und erkläre sie.

c Schreibe weitere Redensarten mit ihrer Bedeutung auf:
jemandem Beine machen – jemand soll sich beeilen, ...

- bildhafte Ausdrücke kennen und verstehen (Redensarten)
- über Verstehensprobleme sprechen

- SAH Fö: Teil B, S. 10
- 33

- ÜH: S. 37
- KV 58, 59

Satzglieder umstellen und erkennen

1 Lest die Sätze. Woran erkennt ihr Satzglieder? Tauscht euch aus.

Rotkäppchen | pflückte | bunte Blumen | für die Großmutter |.
Für die Großmutter | pflückte | Rotkäppchen | bunte Blumen |.
Pflückte | Rotkäppchen | bunte Blumen | für die Großmutter | ?

Sätze bestehen aus **Satzgliedern**. Satzglieder bestehen aus einem Wort oder mehreren Wörtern.
Satzglieder bleiben beim Umstellen zusammen:
Die kranke Großmutter | liegt | im Bett |.
Im Bett | liegt | die kranke Großmutter |.
Liegt | die kranke Großmutter | im Bett | ?

2 Stelle den Satz zweimal um. Schreibe die Sätze auf.

Mit dem schweren Korb | lief | Rotkäppchen | durch den Wald |.

3 Schreibe den Text ab. Stelle die Sätze um. Markiere die Satzglieder.

Die Mutter gab Rotkäppchen einen Korb.
In dem Korb war ein großes Stück Kuchen.
Unterwegs traf das Mädchen den Wolf.
Der listige Wolf gab Rotkäppchen einen Rat.

4 Stelle die Sätze so um, dass der Text besser klingt. Schreibe auf.

Rotkäppchen pflückte Blumen im Wald.
Sie traf den Wolf dort. Sie ging schnell weiter.
Sie erreichte das Haus der Großmutter nach einer Stunde.

Satzarten und Satzschlusszeichen verwenden

1 Wähle eine Aufgabe aus.

a Ordne die Sätze nach Satzarten. Markiere die Satzschlusszeichen.

Aussagesätze: Der Esel …
Fragesätze: …
Ausrufe und Aufforderungen: …

Der Esel traf auf dem Weg einen Hund.
Was ist mit dir?
Komm mit nach Bremen!
Du kannst dort Stadtmusikant werden.
Was soll ich denn spielen?
Los! Hau auf die Pauke!

b Schreibe die Sätze mit dem passenden Satzschlusszeichen auf.
Markiere die Satzschlusszeichen.

Vorsicht ■ Esel, was siehst du ■ Ich sehe einen gedeckten Tisch ■
Wie können wir die Räuber vertreiben ■ Klettert auf meinen Rücken ■
Schreit, so laut ihr könnt ■ Die Räuber bekommen Angst ■
Sie rennen aus dem Haus ■ Was machen wir, wenn sie
zurückkommen ■ Wir erschrecken sie ■

c Schreibe zu jedem Aussagesatz eine passende Frage auf.

Ich gehe nach Bremen. Wohin gehst du?

Ich gehe nach Bremen ■ Los, komm mit ■ In Bremen werde ich
Musikant ■ Kannst du Musik machen ■ Ich kann einen alten Eimer
als Trommel nehmen ■ Tolle Idee ■ Und wie geht das ■
Ich schlage meine Pfoten auf den Eimer ■ Was ist mit dem Hahn ■
Er kräht so laut er kann ■ Zusammen machen wir gute Musik ■

· Satzarten unterscheiden
· Satzschlusszeichen verwenden

· SAH Fö: Teil B, S. 13
· KV Fö/FO
· 35

· ÜH: S. 39
· KV 61

Wörtliche Rede und Redebegleitsatz kennenlernen

1 Vergleicht das Bild und den Text. Was würdet ihr in die Sprechblasen schreiben? Tauscht euch aus.

Der Wolf fragte: „Wohin gehst du?“
Rotkäppchen antwortete: „Ich gehe zur Großmutter.“

Was jemand spricht, nennt man wörtliche Rede.
Im Begleitsatz steht, wer spricht und wie gesprochen wird.
Am Ende des Begleitsatzes steht ein Doppelpunkt.
Die wörtliche Rede steht in Anführungszeichen.
Der Wolf fragt: „Wohin gehst du?“

2 Schreibe den Text ab. Unterstreiche die wörtliche Rede.

Nach der Arbeit betraten die Zwerge ihr Häuschen.
Ein Zwerg rief: „Mein Teller ist schmutzig!“
Ein anderer Zwerg fragte: „Wer hat aus meinem Becher getrunken?“
Zwei Zwerge riefen empört: „Und wer liegt in unserem Bettchen?“
Da wachte Schneewittchen auf und sah sie erstaunt an.
Die Zwerge fragten das Mädchen: „Wie heißt du?“
Das Mädchen antwortete: „Ich heiße Schneewittchen.“
Dann bat es die Zwerge: „Kann ich bei euch bleiben?“

Zeichensetzung bei wörtlicher Rede kennen

1 Lest den Text mit drei Personen: Erzähler, Zeichensprecher und Gretel.
Erklärt, wie die Zeichen gesetzt werden.

Doppelpunkt, Anführungszeichen unten

Punkt, Anführungszeichen oben

Gretel sagt

Ich habe solchen Hunger

Gretel sagt: „Ich habe solchen Hunger."
Gretel fragt: „Kann man den Lebkuchen essen?"

! Am Anfang der wörtlichen Rede stehen die Anführungszeichen unten.
Am Ende der wörtlichen Rede stehen die Anführungszeichen oben.
Nach dem Doppelpunkt schreibt man groß.
Gretel sagt: „Ich habe Hunger."

2 Schreibe die Sätze ab. Setze die Anführungszeichen.
Der Esel jammerte: „Ach herrje, ich soll verkauft werden, weil ich alt bin."

Der Esel jammerte: Ach herrje, ich soll verkauft werden,
weil ich alt bin. Daher machte er sich auf den Weg nach Bremen.
Bald traf er einen Hund und fragte: Was japst du so?
Der Hund sprach: Ich bin weggelaufen, weil ich zu alt zum Jagen bin.
Da sagte der Esel: Komm mit nach Bremen,
wir werden dort Musikanten. Bald darauf trafen sie eine Katze.
Sie fragten: Was ist mit dir? Die Katze jammerte: Ich bin alt
und kann keine Mäuse mehr jagen.
Der Esel meinte: Komm mit uns nach Bremen.
Die Katze rief: Gerne!

3 Wie könnte das Gespräch der Tiere aus Aufgabe 2 weitergehen?
Schreibe es auf. Achte auf die Zeichensetzung bei der wörtlichen Rede.

· sprachliche Begriffe kennen und verwenden: Redebegleitsatz und wörtliche Rede
· Zeichensetzung beachten

· SAH Fö: Teil B, S. 15
· KV Fö/FO · RS: S. 24
· 37

· ÜH: S. 40
· KV 63

Wörter mit ä und äu ableiten

1 Schaut euch das Bild an.
Welche Strategie hilft den Kindern?

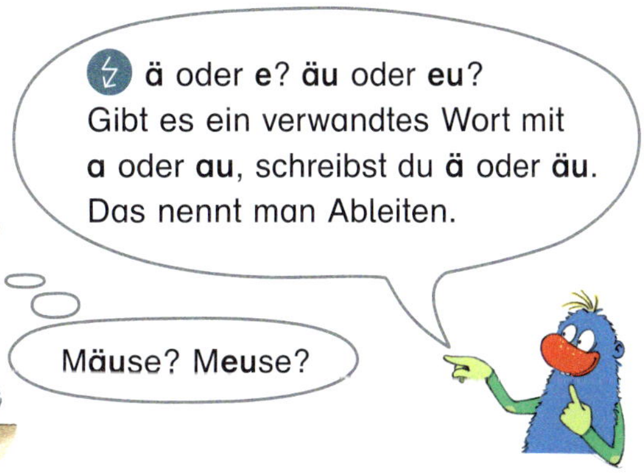

2 Schreibe zu jedem Wort mit **ä** ein verwandtes Wort mit **a**: wärmer – warm, ...

wärmer länger täglich Kälte gefährlich Jäger Äpfel
schläfrig Plätze zählen quälen Strände Bäder Wände

3 Schreibe die Wörter richtig auf. Leite die Wörter mit **äu** von einem Wort mit **au** ab.

äu	eu
rauben – Räuber	Keule

R__ber K__le tr__men Str__cher B__le H__ser
h__len F__er Ungeh__er t__er L__se B__che

4 **ä/e** oder **äu/eu**? Schreibe den Text richtig auf.

H__te treffen sich die M__se in der Sch__ne unter den B__men. Es ist t__glich k__lter geworden und ihre B__che sind leer. Die Feldm__se tr__men von S__cken mit l__ckeren Körnern. Die Hausm__se zeigen ihren Fr__nden die Schr__nke im K__ller. Sie sind voller Sp__ck.

Satz des Tages untersuchen

Wir lesen still den Satz des Tages.
Wir erklären,
was der Satz bedeutet.

Wir sprechen, schwingen und
schreiben den Satz.

Wir markieren schwierige Stellen.

Wir besprechen, welche Strategien uns
bei den schwierigen Stellen helfen.
Wir malen Strategiezeichen
über die Stellen.

1 Untersucht den Satz als Satz des Tages. Die Feen fliegen durch den Wald.

- über Rechtschreibstrategien reflektieren und sie anwenden
- Übungsformen selbstständig nutzen

- SAH Fö: Teil B, S. 18

- KV 64

Wörter mit ä/e und äu/eu

1 Sprich und schwinge die Übungswörter.

2 Übe die Wörter mit der Profikarte.

3 Schreibe alle Übungswörter auf, zu denen du Ableitungen findest: die Angst – ängstlich, ...

4 Untersucht den Satz als Satz des Tages.

Der Jäger erzählt dem Räuber von listigen Mäusen.

5 Schreibe den Text in deiner schönsten Schrift ab.

Schlaue Mäuse
Drei Räuber träumten davon, reich zu werden. Sie hörten von einer Berghöhle mit glänzenden Goldstücken.
Doch vor der Höhle saß ein kräftiger Drache. Gegen ihn konnten sie nicht kämpfen. Da kamen kleine Mäuse vorbei, die gerne helfen wollten. Sie krabbelten dem Ungeheuer in die Nase und kitzelten es. So konnten die Räuber den Drachen fesseln.
Sie packten die Goldstücke in Säcke. Die Mäuse bekamen Goldkörner als Belohnung. Irgendwann konnte der Drache sich befreien. Von nun an hielt er sich von Mäusen fern.

W
Wörter mit ä/e
ängstlich
glänzen
kämpfen
kräftig
der Berg
gern
Wörter mit äu/eu
die Gebäude
leuchten
die Mäuse
räumen
träumen
das Ungeheuer

6 Markiere die Übungswörter in deinem Text.

7 Schreibe Sätze mit diesen **kleinen Wörtern**.

in jeder den sich

Satzglieder umstellen und erkennen

1 Wähle eine Aufgabe aus.

a Stelle die Satzglieder so oft wie möglich um.
Schreibe die Sätze auf.
Markiere die Satzglieder.

Hänsel | warf | weiße Kieselsteine | auf den Weg | .

b Stelle die Sätze so oft wie möglich um.
Schreibe sie auf.
Markiere die Satzglieder in jedem Satz.

Hänsel und Gretel liefen durch den Wald.

Nach einiger Zeit entdeckten sie ein kleines Hexenhaus.

Am Hexenhaus waren viele leckere Süßigkeiten.

c Ergänze die Satzanfänge jeweils mit genau zwei weiteren Satzgliedern.

Die Hexe kocht ...
Am Abend gehen ...
Im dunklen Wald finden ...
Mutig fliehen ...

Schreibe auf: Ich bin fit! ☺ Ich trainiere weiter. 😐

· sprachliche Operationen nutzen: umstellen
· den eigenen Lernerfolg reflektieren

· SAH Fö: Teil B, S. 22

· ÜH: S. 45

Zeichensetzung bei wörtlicher Rede kennen

1 Wähle eine Aufgabe aus.

a Schreibe die Sätze ab. Unterstreiche Begleitsatz und wörtliche Rede mit unterschiedlichen Farben.

Die sieben Geißlein
Eines Tages sagte die alte Geiß zu ihren Kindern: „Lasst den Wolf nicht in unser Haus!“ Die Geißlein antworteten: „Mutter, du kannst ohne Sorge fortgehen.“ Nach einer Weile klopfte es und eine Stimme sprach: „Macht auf ihr Kinderlein!“ Aber die Geißlein riefen: „Böser Wolf, wir erkennen dich an deiner Stimme!“ Da fraß der Wolf Kreide und klopfte erneut. Er sprach: „Macht auf, ich habe euch etwas mitgebracht!“ Aber die Geißlein erkannten ihn an seiner Pfote. Sie riefen: „Wir machen nicht auf, du bist der Wolf!“

b Schreibe den Text ab. Unterstreiche Begleitsatz und wörtliche Rede in unterschiedlichen Farben. Setze die Anführungszeichen.

Die sieben Geißlein
Der Wolf ging zum Müller und sagte: Streu mir weißes Mehl auf meine Pfote! Der Müller wollte das nicht. Da drohte der Wolf: Wenn du es nicht machst, fresse ich dich. Dann ging der Bösewicht wieder zum Haus der Geißlein. Er sprach: Macht auf, eure Mutter ist wieder da. Die Geißlein antworteten: Zeig uns deine Pfote. Dann öffneten sie die Tür und der Wolf fraß sie auf. Als die alte Geiß kam, rief sie: Kinder, wo seid ihr? Da wimmerte das Jüngste: Ich habe mich hier im Uhrkasten versteckt.

c Suche dir Märchenfiguren aus. Schreibe ein Gespräch auf.

Schreibe auf: Ich bin fit! 🙂 Ich trainiere weiter. 😐

- Redebegleitsatz und wörtliche Rede kennen
- Zeichensetzung beachten
- den eigenen Lernerfolg reflektieren

· SAH Fö: Teil B, S. 23

In der Medienwelt

1 Was kann man mit dem Computer machen?
Schaut euch die Bilder an und beschreibt.

2 Wie nutzt du den Computer?

3 Was kann man **nicht** mit dem Computer machen? Tauscht euch aus.

- beschreiben, persönliche Erfahrungen im Gespräch einbringen
- analysieren und reflektieren

- SAH Fö: Teil B, S. 24

- KV 69, 70

Über Medienerfahrungen sprechen

1 Beschreibt den Selbsteinschätzungsbogen.

Selbsteinschätzungsbogen

Ich kann ...	trifft zu	trifft nicht zu
... einen Text am Computer schreiben.	X	
... eine E-Mail schreiben.		X
... Informationen im Internet suchen.	X	
... eine Präsentation gestalten.		X
... einen Weg oder eine Adresse finden.		X
... Spiele am Computer spielen.	X	
... mich mit meinen Freunden in einem Kinderchat unterhalten.	X	

2 Was würdest du ankreuzen?
Mache dir Notizen.

3 Sprecht über eure Erfahrungen mit dem Computer.

Ich weiß, wie man am Computer ...

Ich kann schon ...

Ich würde gerne wissen, ...

Ich kann euch zeigen, ...

Kann mir jemand erklären, wie ...?

4 Teste dein Wissen zum Umgang mit dem Computer auf www.quiesel.de.

· eigene Kompetenzen reflektieren
· Erfahrungen und Anliegen einbringen
· analysieren, reflektieren, informieren

· SAH Fö: Teil B, S. 25
· KV Fö/FO

· KV 71, 72

Den Aufbau einer E-Mail kennenlernen

1 Hast du schon einmal eine E-Mail geschrieben oder bekommen? Berichte.

2 Ordne die folgenden Begriffe den Zahlen zu.
Schreibe so: 1 = E-Mail-Adresse, ...

E-Mail-Adresse Abschiedsgruß Anrede Text Betreff

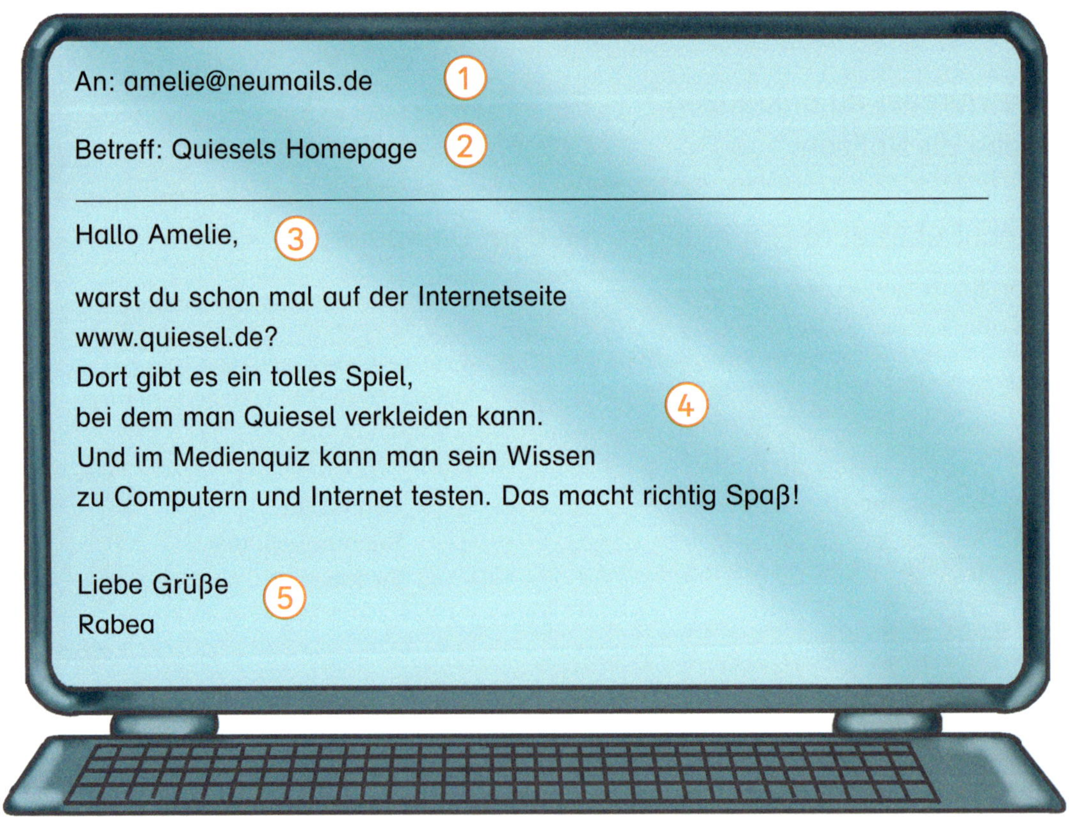

Eine E-Mail überarbeiten und schreiben

1 Lies die E-Mail.

An: rabea@anfreundinpost.de
Betreff: Viele Grüße Deine Amelie

Liebe Rabea,
vielen Dank für deine Nachricht.
Ich war gerade auf der Seite
www.quiesel.de.
Die Internetseite ist wirklich klasse!
Hast du das Forscher-Quiz auch schon
einmal ausprobiert? Bis dann!
Achso. Hast du dir gemerkt,
was wir für den Mathetest lernen müssen?

2 Überprüft mit der Checkliste:
Was ist gut gelungen?
Was könnte verbessert werden?

3 Schreibe die E-Mail verbessert auf.

4 Schreibe selbst eine E-Mail
an ein anderes Kind.

Checkliste: Eine E-Mail schreiben
- ✓ E-Mail-Adresse
- ✓ Betreff (Thema oder Überschrift der Nachricht)
- ✓ Anrede
- ✓ Text
- ✓ Abschiedsgruß

Ein Projekt planen und durchführen: Erklärvideos drehen

1 Schaut euch die Bilder an. Beschreibt die einzelnen Schritte.

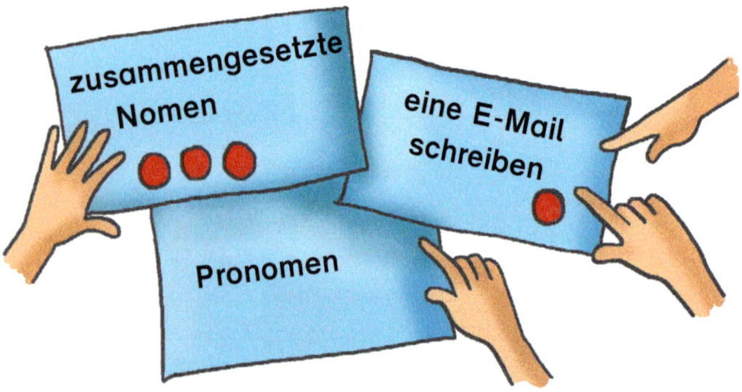

Schritt 1:
Wir finden ein Thema
- gemeinsam entscheiden, was erklärt wird

Schritt 2:
Wir recherchieren
- eine Forscherfrage stellen
- informieren: Schulbuch, Internet, Lexikon
- Stichpunkte machen
- gemeinsam entscheiden, welche Informationen für das Erklärvideo wichtig sind

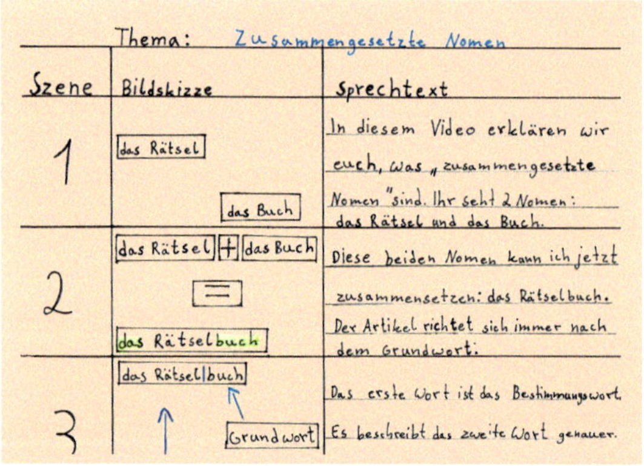
Thema: Zusammengesetzte Nomen

Szene	Bildskizze	Sprechtext
1	das Rätsel das Buch	In diesem Video erklären wir euch, was „zusammengesetzte Nomen" sind. Ihr seht 2 Nomen: das Rätsel und das Buch.
2	das Rätsel + das Buch = das Rätselbuch	Diese beiden Nomen kann ich jetzt zusammensetzen: das Rätselbuch. Der Artikel richtet sich immer nach dem Grundwort.
3	das Rätsel|buch Grundwort	Das erste Wort ist das Bestimmungswort. Es beschreibt das zweite Wort genauer.

Schritt 3:
Wir erstellen das Drehbuch mit einem Storyboard
- für jede Szene Bildskizzen zeichnen
- Sprechtexte schreiben, verständlich, möglichst kurz

- beschreiben
- strukturiertes Vorgehen nachvollziehen
- Planungsmethode Drehbuch kennenlernen

· SAH Fö: Teil B, S. 28

· KV 75, 76

Schritt 4:

Wir erstellen das Material

- Wortkarten und Symbolkarten erstellen
- Bilder zeichnen oder ausdrucken
- Vorführfläche vorbereiten: flach, genug Licht, passende Größe

Schritt 5:

Wir drehen das Erklärvideo

- Aufgaben verteilen:
  Sprecher/in
  Kamerafrau/Kameramann
  Material-Leger/in
- Videoaufnahme üben
- 3- bis 5-minütiges Video drehen

Schritt 6:

Wir präsentieren das Erklärvideo

- eine kurze, mündliche Einführung geben

1 Führt das Projekt durch.

Das Projekt **Erklärvideos drehen** durchführen:
1. Wir finden ein Thema.
2. Wir recherchieren.
3. Wir erstellen das Drehbuch mit einem Storyboard.
4. Wir erstellen das Material.
5. Wir drehen das Erklärvideo mit einem Tablet oder einem Handy.
6. Wir präsentieren das Erklärvideo.

Zusammengesetzte Nomen kennen

1 Warum ist der Junge enttäuscht? Tauscht euch aus.

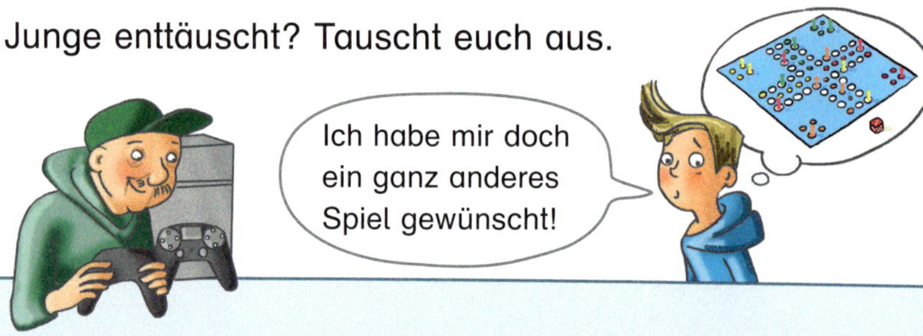

Zusammengesetzte Nomen bestehen aus **Bestimmungswort** und **Grundwort**. Das Bestimmungswort steht vorne und beschreibt das Grundwort genauer. Der Artikel richtet sich nach dem Grundwort:
der Würfel + das Spiel = das Würfelspiel,
der Computer + das Spiel = das Computerspiel.

Bestimmungswort → Computer | Grundwort → spiel

2 Welche Nomen kannst du zusammensetzen? Unterstreiche den Artikel und das Grundwort: der Computer + die Maus = die Computermaus, ...

der Kopf	die Wand	der Computer	das Bild
die Maus	der Hörer	die Uhr	der Schirm

3 Bilde möglichst viele zusammengesetzte Nomen mit dem Grundwort **Spiel**: der Ball + das Spiel = das Ballspiel, ...

4 Suche die Wörter in der Wörterliste oder im Wörterbuch.
Schreibe so: das Rätselbuch = das Rätsel (Seite: ...) + das Buch (Seite: ...), ...

das Rätselbuch · die Landkarte · das Pausenbrot · der Tierfilm

der Computerbildschirm · die Armbanduhr · die Kinderbuchautorin

Zusammengesetzte Nomen bilden

1 Wie kann man **Zeitung** und **Bericht** zusammensetzen?
Tauscht euch aus.

Zeitung + Bericht = ...

2 Bilde zusammengesetzte Nomen. Schreibe den Text ab.
Markiere so: Timos Geburtstag

Timos (Geburt + Tag)
Timo freut sich. Seine Eltern haben eine (Überraschung + Party) organisiert. Er bekommt ein neues (Freund + Buch), ein (Wissen + Quiz) und einen geheimnisvollen (Liebe + Brief). Außerdem backt Oma ihm eine große (Schokolade + Torte).
Wenn er heute Abend auf dem Tablet noch den neuen (Hund + Film) schauen darf, ist das ein absoluter (Glück + Tag)!

3 Nennt abwechselnd zusammengesetzte Nomen.
Beginnt immer mit dem zweiten Nomen des vorherigen Wortes:
Geburtstagskarte, Kartenspiel, Spielhalle, Hallenfußball, ...

4 Was wisst ihr nun über zusammengesetzte Nomen?
Erklärt.
Ich weiß nun, dass ... Ich habe gelernt, dass ...

Nomenprobe mit Adjektiv kennenlernen N↑

1 Was stimmt hier nicht?
Erklärt.

Groß oder klein?
Nomen können einen
Artikel haben ...

Kann vor ein Wort ein Adjektiv eingeschoben werden,
ist es ein Nomen. Die Endung des Adjektivs verändert sich:

der Computer – der neue Computer,
die Bücher – die alten Bücher.

Bist du dir nicht sicher,
ob ein Wort großgeschrieben wird,
schiebe ein Adjektiv davor.

2 Schreibe das Treppengedicht ab.
Markiere so:
der Detektiv
der schlaue Detektiv ...

der	Detektiv			
der	schlaue	Detektiv		
der	schlaue,	fleißige,	Detektiv	
der	schlaue,	fleißige,	neugierige	Detektiv

achtet auf das Adjektiv.

3 Vor welche Wörter passt ein Adjektiv?
Schreibe die Sätze mit passenden Adjektiven verbessert auf.
Markiere die Nomen.

Das kind hat glück.

Auf dem computer gibt es spiele.

· Rechtschreibstrategie anwenden: Nomenprobe
· sprachliche Operationen nutzen

· SAH Fö: Teil B, S. 32, 33
· KV Fö/FO
· 44

· ÜH: S. 49, 50
· KV 80, 81

Wörter mit ck richtig schreiben

1 Welche Regel hat der Junge angewendet? Tauscht euch aus.

2 Ordne die verwandten Wörter mit **ck**. Markiere den kurzen Selbstlaut vor dem **ck**. Schreibe so: der Schrecken – schrecklich – erschrecken, ...

der Schrecken	backen	erschrecken	das Glück	überbacken
abtrocknen	trocken	das Gebäck	glücklich	geweckt
schrecklich	wecken	der Trockner	geglückt	der Wecker

3 Finde Reimpaare mit **ck**. Markiere den kurzen Selbstlaut vor dem **ck**: Stock – Rock, ...

Mücke Decke Stock
Hacke Locke

4 Erfinde Reimgedichte mit **ck** und schreibe sie auf.

Der Dackel will die Jacke stricken.
Die Schnecke soll die Socken flicken.

5 Was passt? Schreibe die Sätze richtig auf.

Lamas **spuken/spucken**, wenn sie sich bedroht fühlen.
Gespenster **spuken/spucken** durch das Schloss.

So macht es Quiesel

Texte verbessern: Rechtschreibprogramm

Ich schreibe einen Text
mit dem Computer.

Das Programm zeigt an,
welche Wörter falsch geschrieben
sein könnten. Rechtschreibfehler
sind rot markiert.

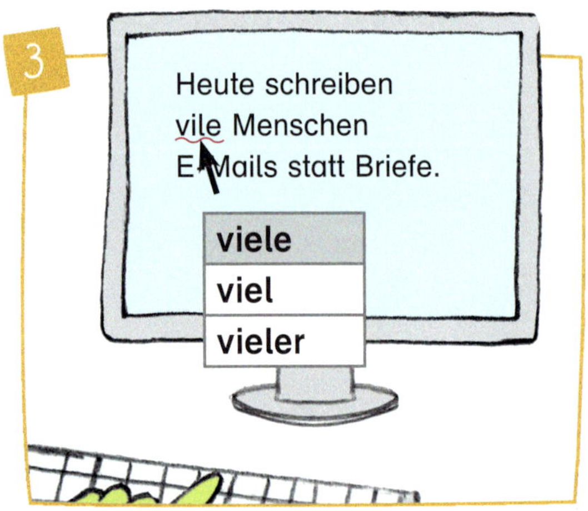

Ich klicke mit der rechten
Maustaste in ein markiertes Wort.
Dann erhalte ich Vorschläge,
wie ich das Wort verbessern kann.

Ich klicke auf
die richtige Schreibweise
und das Wort wird ersetzt.
Das Wort ist nun nicht mehr markiert.

1 Wozu nutzt du den Computer? Schreibe einen kleinen Text am Computer.
Überprüfe mit dem Rechtschreibprogramm,
ob du alles richtig geschrieben hast.

· Computer zum Schreiben und für Rechtschreibung nutzen
· bedienen und anwenden

· SAH Fö: Teil B, S. 36

Wörter mit ck

1 Sprich und schwinge die Übungswörter.

2 Übe die Wörter mit der Profikarte.

3 Welche Wörter sind falsch geschrieben?
Schreibe sie verbessert auf.

glüklich Jake schiken Keks druken Geschmak

4 Führt Rechtschreibgespräche zu den Wörtern:

Haken hacken

5 Schreibe den Text mit dem Computer ab.

Wörter mit ck
die Brücke
einpacken
entdecken
entwickeln
das Frühstück
der Geschmack
glücklich
gucken
die Jacke
der Schreck
verstecken
der Wecker

Erklärvideos in der Schule
Der Wecker klingelt. Max rast in die Küche und packt sein Frühstück ein. Er reißt seine Jacke vom Kleiderhaken. Dann rennt er schnell über die Brücke in Richtung Schule. Heute wird sicher ein toller Schultag! Seine Klasse will eigene Erklärvideos entwickeln. Dazu dürfen die Kinder Handys oder Tablets mit in die Schule bringen.
Doch welch ein Schreck! Als Max in seine Tasche guckt, entdeckt er nur den Kuschelbären seiner kleinen Schwester. Hätte er das Handy nur besser vor ihr versteckt!

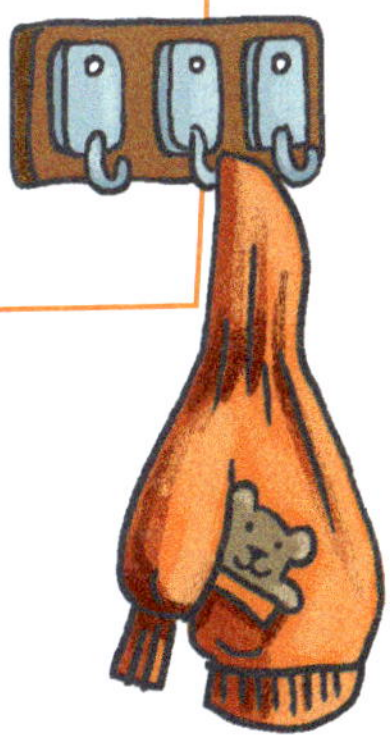

6 Verbessere deinen Text
mit dem Rechtschreibprogramm des Computers.

7 Schreibe Sätze
mit diesen **kleinen Wörtern**.

zurück nur sogar deshalb

Zusammengesetzte Nomen bilden

1 Wähle eine Aufgabe aus.

a Setze die Nomen zusammen.
Schreibe so:
der Frühling + die Blume = die Frühlingsblume, ...

der Frühling	s	die Blume
die Ansicht	s	die Karte
der Geburtstag	s	das Geschenk
die Sonne	n	die Brille
die Blume	n	die Wiese
die Tasche	n	das Tuch

b Bilde zusammengesetzte Nomen
mit diesen Wörtern:

Geburtstag   Sonne

c Bilde Wörter aus drei Nomen.
Schreibe so:
der Fuß + der Ball + das Tor = das Fußballtor

Schreibe auf: Ich bin fit! ☺ Ich trainiere weiter. 😐

· Möglickeiten der Wortbildung kennen und anwenden: Komposita
· den eignenen Lernerfolg reflektieren

· SAH Fö: Teil B, S. 40

· ÜH: S. 53, 55

Eine E-Mail schreiben

1 Wähle eine Aufgabe aus.

a Schreibe die E-Mail ab.
Markiere so:

E-Mail-Adresse: rot   Anrede: orange

Abschiedsgruß: blau   Text: grün   Betreff: lila

An: arne@postfach.de

Betreff: E-Mails oder Briefe?

Hallo Arne,

endlich kann ich E-Mails schreiben!
Das geht viel schneller, als einen Brief zu verschicken.
Auch das Geld für die Briefmarke kann ich mir jetzt sparen.
Schreibst du lieber E-Mails oder Briefe?
Wer hat dir das Schreiben am Computer beigebracht?
Ich würde mich sehr freuen, wenn du mir antwortest.

Liebe Grüße
Lea

b Schreibe eine E-Mail an ein anderes Kind. Erzähle ihm von einem lustigen Erlebnis.

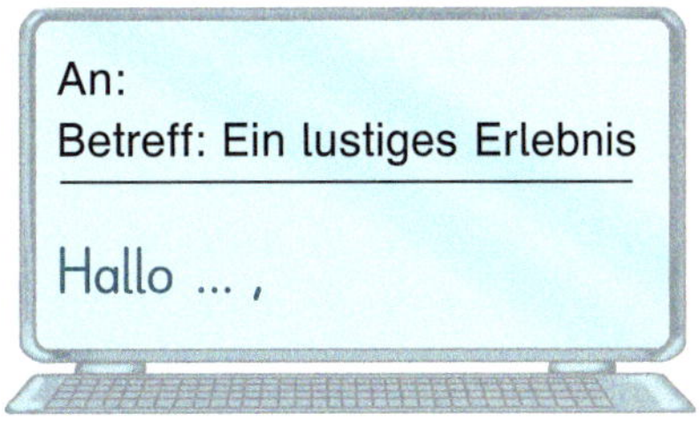

c Schreibe eine E-Mail an ein anderes Kind.

Schreibe auf: Ich bin fit! Ich trainiere weiter.

- adressaten- und funktionsgerecht schreiben: E-Mail, anwenden und kommunizieren
- den eigenen Lernerfolg refklektieren

- SAH Fö: Teil B, S. 39

Gesundheitsrallye
1. Station Bewegungspfad: ...
Diese Yogaübung macht wach: Katze
Was macht Lärm? ...

1 Was seht ihr auf den Bildern? Beschreibt.

2 Was könnte noch auf dem Laufzettel Gesundheitsrallye stehen? Überlegt gemeinsam.

3 Was ist gesund? Was ist nicht gesund? Tauscht euch aus.

- situationsgerecht sprechen: beschreiben
- Vermutungen, eigene Erfahrungen und Meinungen einbringen

- SAH Fö: Teil B, S. 42

Eine Meinung äußern und begründen

1 Schaut euch das Bild an und lest.
Was geschieht an der Station **Runder Tisch Gesundheit**?

2 Drei Kinder begründen ihre Meinung.
Schreibe die Meinungen
mit der Begründung auf:
Meinung: Ich bin dafür. Begründung: Weil wir dann mehr ...

3 Was meinst du? Sollte das Handy beim Essen abgeschaltet werden?
Sage deine Meinung und begründe sie.
Ich bin dafür, weil ... Ich bin dagegen, weil ... Ich finde es nicht gut, wenn ...

4 Tauscht eure Meinungen zu einem anderen Thema aus.

Es ist gut, sechsmal in der Woche Sport zu machen.

In den Läden sollte es keine Süßigkeiten geben.

Niemand darf mit dem Auto zur Schule gebracht werden.

Schreibziel: Für wen und wozu schreibe ich?

1 Lies die Sprechblasen. Schaue dir die spielenden Kindergruppen auf Seite 80 und 81 an.

2 Wie könnten die Kinder ihre Spielanleitung planen?

3 Finde das Schreibziel für die Kinder.
Schreibe dafür die Fragen mit den passenden Antworten zusammen auf.

Fragen	Antworten
Für wen schreiben die Kinder?	eine Spielanleitung
Was schreiben sie?	erst das Material nennen, dann schreiben, wie man das Spiel spielt
Was möchten sie erreichen?	für Kinder der Klasse 3a
Wie können sie den Text aufbauen?	Andere Kinder sollen das Spiel auch spielen können.

4 Warum ist es sinnvoll, ein Schreibziel zu formulieren?
Tauscht euch aus.

So formuliere ich ein **Schreibziel**:
Ich überlege:
- Für wen schreibe ich?
- Was schreibe ich?
- Was möchte ich erreichen?
- Wie kann ich den Text aufbauen?

Eine Anleitung überarbeiten

1 Wie geht das Spiel **Raupenball**? Schaut euch die Kinder auf Seite 80 und 81 an. Vermutet.

Checkliste: Eine Anleitung schreiben
- ✓ passende Überschrift
- ✓ Materialien
- ✓ Ablauf genau beschreiben
- ✓ richtige Reihenfolge
- ✓ Gegenwartsform

2 Überprüft die Spielanleitung mit der Checkliste.
Was muss überarbeitet werden?

Spielanleitung: Raupenball

Ihr braucht: zwei Bälle, Mannschaftsbänder

So geht es:
- Bildet zwei Mannschaften.
- Auf „Los!“ gibt das erste Kind in der Reihe den Ball über den Kopf nach hinten weiter.
- Jede Mannschaft stellte sich in einer Reihe hintereinander auf.
- Hat das letzte Kind in der Reihe den Ball, läuft es mit ihm nach vorne.
- Lässt ein Kind den Ball fallen, muss es ihn holen und sich zurück in die Reihe stellen.
- Wenn das erste Kind wieder vorne steht, ruft es „Stopp!“. Diese Mannschaft hat dann gewonnen.

3 Schreibe die Spielanleitung verbessert auf.

4 Welche Bewegungsspiele kennst du?
Schreibe eine Anleitung für ein Bewegungsspiel.

Passende Verben finden: Wortfelder erstellen

1 Lest den Text laut. Wie würdet ihr ihn überarbeiten? Tauscht euch aus.

Auf dem Bewegungspfad
Zuerst gehen Alma und ich schnell
um die Hindernisse. Dann gehen wir über die drei Kästen.
Ganz leise gehen wir über den Kiesweg.
Zum Schluss gehen wir vorsichtig über den Balken.

2 Schreibt den Text aus Aufgabe 1 mit passenderen Verben auf. Vergleicht eure Ergebnisse.

Verben, die eine ähnliche Bedeutung haben, gehören zu einem Wortfeld:
gehen, laufen, schleichen, ...

3 Ordne die Verben den beiden Wortfeldern gehen und sehen zu. Schreibe so: gehen: laufen, ... sehen: schauen, ...

laufen	schauen	rennen	zusehen
beobachten	sausen	betrachten	wandern
schlendern	blicken	starren	hüpfen
stampfen	blinzeln	hinken	schlurfen
glotzen	bummeln	rasen	gucken

4 Schreibe die Sätze mit passenden Verben aus dem Wortfeld sprechen auf.

Alia ___, dass Handys beim Essen stören.
Timo ___ empört: „Das ist gar nicht wahr!“
„Ich habe gar kein Handy“, ___ Julia leise.
Jan ___: „Wir legen unsere Handys vor dem Essen in eine Kiste.“

5 Warum ist es nützlich, Wortfelder zu erstellen? Tauscht euch aus.
Es ist nützlich, weil ... Ich kann mit Wortfeldern ...

Aus Nomen Adjektive bilden

1 Welche Nomen verstecken sich in diesen Adjektiven? Überlegt gemeinsam.

wunderbar ruhelos rätselhaft feierlich

2 Ordne Adjektive und Nomen einander zu.
Markiere die angehängten Wortbausteine: das Glück – glücklich, ...

das Glück der Scherz die Furcht das Geheimnis
geheimnisvoll glücklich furchtlos scherzhaft

3 Welche Nomen findest du in diesen Adjektiven? Schreibe so:
wundervoll = das Wunder + voll, ...

wundervoll schriftlich wunschlos beispielhaft freundlich fehlerhaft

4 Findet heraus, was die Adjektive bedeuten. Tauscht euch aus.
Bildet mit jedem Adjektiv einen Satz.

bewegungslos heldenhaft geheimnisvoll angeberisch

5 Hier stimmt etwas nicht. Schreibe die Sätze richtig auf.

Er hat den Bewegungspfad fehlerlich gemeistert.
Der Obstsalat hat ihr wunderlos geschmeckt.
Auf das Handy kann Greta problemlich verzichten.
Er hüpfte schwungbar über das Hindernis.
Beim Raupenball verhielten sich alle sehr sporthaft.

6 Schreibe selbst Adjektive auf, in denen sich Nomen verstecken.

Wörter mit s und ß richtig schreiben

1 In welche Kiste müssen die Wörter einsortiert werden? Begründet.

gro ___ | lautlo ___ | Flo ___
Gla ___ | Flei ___
Hal ___

2 Schreibe die Wörter mit der passenden Verlängerung auf:
die Späße – der Spaß, ...

der Spa ___ ratlo ___ das Hau ___ hei ___ das Lo ___	die Lose ratloser die Häuser heißer die Späße

3 Verlängere und schreibe die Wörter richtig auf: die Gräser – das Gras, ...

der Hal ___	das Gra ___	sü ___	die Lau ___	gro ___
der Strau ___	der Prei ___	mie ___	der Gru ___	wei ___
das Moo ___	die Mau ___	der Fu ___	das Bahnglei ___	

4 Schreibe die Sätze ab. Setze **s** oder **ß** ein: Wir stellen uns im Kreis auf.

Wir stellen uns im Krei ___ auf. Das neue Spiel macht Spa ___.
Lena fällt hin. Da ist der Schreck gro ___.
Sie hat sich am Fu ___ verletzt.

5 Wie findet ihr heraus, ob Spie ___ mit **s** oder **ß** geschrieben wird? Erklärt.

Wörter mit s und ß richtig schreiben

1 Wie wird das Wort richtig geschrieben? Begründet.

Bilde bei Verben die Grundform. Dann hörst du die schwierige Stelle besser: stoßen – stößt, rasen – rast

2 Schreibe die Verben mit ihrer Grundform auf: niesen – er niest, ...

sie gra__t	sie genie__t	er ra__t
sie rei__t	er bewei__t	es blä__t
sie stö__t	es sprie__t	er nie__t

rasen	niesen	genießen
stoßen	reisen	beweisen
grasen	blasen	sprießen

3 Bilde die Grundform der Verben. Setzte s oder ß ein: speisen – er speist, ...

er spei__t sie dö__t es flie__t sie hei__t sie schwei__t er dü__t

4 Suche die Verben in der Wörterliste. Schreibe so: beißen – beißt, Seite ...

bei__t flie__t grü__t schlie__t gie__t hei__t

5 Schreibe den Text ab. Setze **s** oder **ß** ein.

Kai ras t zuerst über die Ziellinie.
Mia rei__t die Arme hoch: „Klasse, Kai!“
Milad dö__t im Tor. Sina stö__t ihn an: „Achtung, nicht einschlafen!" Milad bewei__t es ihr und hält die nächsten drei Bälle. Frau Schmidt spei__t genüsslich eine Möhre.

6 Wie verlängert ihr Nomen, Adjektive und Verben? Erklärt.
Ich kann Nomen verlängern, indem ...

Wörter richtig trennen

1 Schaut euch die Heftseite an.
Was möchtet ihr ändern?

Viele Wörter kannst du trennen. Dann musst du einen **Trennstrich** setzen.

Gesundes Essen
Jeden Morgen mache
ich mir ein Hafermüsli
aus Haferflocken, Bananen,
Blaubeeren und Joghurt.
Zuletzt kommt etwas
Milch dazu.

2 Ordne die Wörter den Trennungsregeln zu:

a: Ich trenne das Wort nach Silben.

b: Ich trenne Wörter vor **ch**, **ck** und **sch**.

c: Wörter mit einer Silbe trenne ich nicht.

d: Einzelne Selbstlaute am Wortanfang und Wortende trenne ich nicht ab.

a: Ich trenne das Wort nach Silben: le-sen, ...
b: Ich trenne Wörter vor ch, ck und sch: le-cker, ...

le-sen Haus Ofen
le-cker Sport süß
Schu-le wa-schen
we-nig Esel oben
rie-chen

3 Ordne die Wörter den Trennungsregeln aus Aufgabe 2 zu.
Trenne die Wörter, wenn es möglich ist.

Regel **a**	Regel **b**	Regel **c**	Regel **d**
put-zen	schlei-chen	oft	Igel

putzen	schleichen	meine	viele	Dächer	Igel	Klasse
strecken	fast	Abend	Kasten	Ufer	Wind	Stuhl
Bücher	schnell	Zucker	Radio	Obst	Flasche	lachen
Oma	ihm	Katze	Blatt	oft	lustig	Ast

4 Erklärt, was ihr beim Trennen beachten müsst.
Man muss beachten, dass ...

· Regeln der Trennung am Zeilenende kennen und verwenden
· Begründungen und Erklärungen geben

· SAH Fö: Teil B, S. 52
· KV Fö/FO
· 55

· KV 94

Wörter mit ie richtig schreiben

1 Schreibt die Wörter auf. Vergleicht eure Ergebnisse.

2 Schreibe die Nomen geordnet auf: Tier – Tie re, ...

Tier	Brief	Dieb	Ziel	Spiel
Diebe	Ziele	Briefe	Spiele	Tiere

3 Schreibe die Adjektive mit ihrer 1. Vergleichsstufe auf: tief – tie fer, ...

tief schief lieb mies fies

4 Schreibe die Verben mit ihrer Grundform auf: siebt – sie ben, ...

siebt	schiebt	fliegt	wiegt	flieht
schmiert	liegt	schielt	schießt	niest

5 Schreibe Sätze mit den Wörtern.

Dienstag dieser hier nie niedlich sie viel vier wie wieder

6 Achtung, in diesem Text sind Fehler! Schreibe ihn richtig auf.

Ben ist krank
Ben hat Fiber. Er muss im Bett ligen. Sein Vater holt die Kieste mit den Spilen. Aber Ben möchte liber einen Fielm sehen.
Er muss kräftig nisen.
Sein Meerschweinchen quikt vor Schreck.

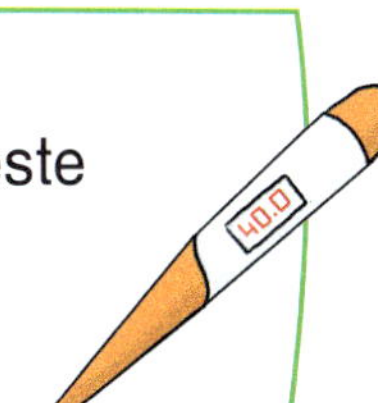

Wörter mit Listen üben

1

Ich stelle fest, an welchen Stellen in einem Wort ich noch Fehler mache.

2

Ich überlege, welche Wörter zu der Wortfamilie gehören.

3

Ich suche Wörter, die auch diese schwierige Stelle haben.

4

Ich schreibe viele Wörter mit der schwierigen Stelle untereinander.

1 An welchen Stellen machst du noch Fehler? Übe mit einer Liste.

· Lerntechniken zum Trainieren der Rechtschreibkompetenz kennen und selbstständig verwenden

· SAH Fö: Teil B, S. 54

· KV 96

Wörter mit ß
Wörter mit ie

1 Sprich und schwinge die Übungswörter.

2 Übe die Wörter mit der Profikarte.

3 Schreibe eine Liste mit Wörtern mit **ie**.

4 Führt ein Rechtschreibgespräch zu dem Wort Floß .

5 Schreibe den Text in deiner schönsten Schrift ab.

Schule in Bewegung
Unsere Klasse hat viel Spaß. Heute findet das große Sportfest statt. Dreißig Mütter und Väter sind auch schon da. Draußen wird Fußball gespielt und Sina schießt das erste Tor.
Das hat sie noch niemals geschafft.
Emil und Rabea springen fleißig mit dem Seil.
Danach sind sie durstig.
Herr Meise verteilt Wasser.
Am Ende gibt es leckeres Essen.
Alle haben etwas mitgebracht. Am liebsten mag Helena Obst am Stiel mit Soße. Dario liebt den Tomatensalat. Zum Schluss räumen alle zusammen auf. Das war ein toller Tag.

6 Markiere die Übungswörter in deinem Text.

7 Schreibe Sätze mit diesen **kleinen Wörtern**.

nach viele ganz durch

Wörter mit ß
drau**ß**en
drei**ß**ig
flei**ß**ig
gro**ß**
schie**ß**en
der Spa**ß**
Wörter mit ie
b**ie**gen
l**ie**ben
n**ie**mals
s**ie**
sp**ie**len
v**ie**l

Ein Schreibziel formulieren

1 Wähle eine Aufgabe aus.

a Finde das Schreibziel für die Kinder.
Schreibe die Fragen mit den passenden Antworten auf.

Für wen schreiben die Kinder?

Was schreiben sie?

Was möchten sie erreichen?

Wie können sie den Text aufbauen?

- eine Spielanleitung
- für die Klasse 3b
- erst Material nennen, dann schreiben, wie man das Spiel spielt
- Die Kinder sollen das Spiel spielen können.

b Finde das Schreibziel für die Kinder.
Schreibe die passenden Antworten zu den Fragen auf.

Für wen schreiben die Kinder?

Was schreiben sie?

Was möchten sie erreichen?

Wie können sie den Text aufbauen?

c Warum ist es sinnvoll, ein Schreibziel zu formulieren?
Schreibe auf.

Schreibe auf: Ich bin fit! 🙂 Ich trainiere weiter. 😐

- Texte planen: Schreibziel klären
- erklären und begründen
- eigenen Lernerfolg reflektieren

- SAH Fö: Teil B, S. 57

- ÜH: S. 63

Wortfelder kennen

1 Wähle eine Aufgabe aus.

a Welche Wörter gehören zum Wortfeld sprechen ? Schreibe sie auf.

gießen, antworten, behaupten, brüllen, mitteilen
kratzen, vorschlagen, flüstern, jammern, schlafen
rufen, stammeln, quasseln, wispern, murmeln
tuscheln, erzählen, niesen, stottern, schleichen

b Schreibe die Sätze ab und setze passende Verben aus dem Wortfeld essen ein.

nascht kauen knabbert probiert beißt verschlingt

Der Hund ___ sein Futter gierig.

Sven ___ genüsslich in seinen Apfel.

„Nina, du musst dein Essen gründlich ___ !"

Alim ___ vorsichtig etwas von der heißen Suppe.

Frau Müller ___ an ihrer Möhre.

Opa ___ heimlich Schokolade.

c Suche dir ein Verb mit einem großen Wortfeld aus. Schreibe möglichst viele Wörter dazu auf.

Schreibe auf: Ich bin fit! ☺ Ich trainiere weiter. 😐

Gemeinsam leben

1 Was planen die Kinder? Erzählt.

2 Was bedeutet **Gemeinsam für andere**? Tauscht euch aus.

3 Habt ihr schon einmal gemeinsam etwas für andere getan? Berichtet.

- funktionsangemessen sprechen: erzählen und berichten
- sich aktiv an Gesprächen beteiligen

- SAH Fö: Teil C, S. 6

Gut zuhören

1 Welches Projekt stellen die Kinder vor?
Beschreibt.

So höre ich gut zu

- Ich schaffe eine gute Zuhörumgebung.
- Ich überlege, was ich schon zu dem Thema weiß.
- Ich höre gut zu.
- Ich kann mir beim Zuhören Notizen machen.
- Ich kann am Ende Fragen stellen.

2 Wie verhalten sich die Kinder, die am Tisch sitzen? Beschreibt.

3 Lest die Zuhörtipps.
Welche Kinder beachten sie?

4 Was ist für euch eine gute Zuhörumgebung?
Tauscht euch aus.

Ich finde es gut, wenn mein Platz …
Mir ist es wichtig, dass …
Ich kann gut zuhören, wenn …
Mir fällt es leichter zuzuhören, wenn …

Eine Wandzeitung planen

Schreibziel Seite 90

1 Die Kinder sprechen über ihr Schreibziel.
Ordne die Antworten den Fragen zu. Schreibe auf.

Wir wollen unser Projekt vorstellen.

Wir brauchen eine Überschrift, Bilder, Fotos und Infos.

Für wen?

Was?

Was möchten wir erreichen?

Wie können wir die Wandzeitung aufbauen?

Alle Mitschüler, Lehrer und Eltern sollen von unserer Aktion erfahren.

Wir möchten die Leser dazu anregen, auch so etwas Ähnliches zu machen.

2 Wie haben die Kinder ihre Wandzeitung aufgebaut? Beschreibt.

Unser Projekt: Wir werden Spielplatzpaten

Jeden Montag 15.00 Uhr:
Treffen auf dem Spielplatz!
Alle dürfen kommen!
Handschuhe und
Harken mitbringen!

Die Klasse 3 der Westermannschule hat es geschafft, dass der Spielplatz in der Kronstraße wieder zum Spielen einlädt. Das ist ihnen mit der Hilfe der Eltern und der Bürgermeisterin gelungen. Damit das so bleibt, werden noch Helferinnen und Helfer gesucht.

Macht alle mit! Mit eigenen Ideen! Es macht Spaß!

3 Was gefällt euch an der Wandzeitung? Begründet eure Meinung.

- Schreibziel: Schreibabsicht und Verwendungszusammenhang klären
- genau beschreiben, Meinung begründen

- SAH Fö: Teil C, S. 8
- 59

Eine Wandzeitung gestalten

1 Zu welchem Projekt wurde diese Wandzeitung gestaltet?
Was ist gelungen? Was würdet ihr verbessern?
Tauscht euch aus.

Unser Projekt: Plätzchen backen im Seniorenheim

Unsere Backaktion im Seniorenheim

Immer 4 Kinder und 2 ältere Menschen sind in 1 Gruppe. Der Teig wird gerollt dann werden die Formen ausgestochen. Nach dem Backen werden die Plätzchen verziert. ~~Danach~~ Das ganze Haus duftete nach Keksen. Alle waren fröhlich.

Ob Jung oder Alt!
Gemeinsam schaffen wir viel!
Macht auch etwas!

2 Wählt selbst ein Projekt aus und erstellt eine Wandzeitung dazu.

Wir helfen beim Stadtputz

Alt und Jung singen gemeinsam

Tierpflege auf dem Gnadenhof

…

Checkliste: Eine Wandzeitung gestalten
- ✓ passende Überschrift
- ✓ passende Texte, Bilder und Materialien
- ✓ übersichtliche Anordnung
- ✓ leserlich schreiben
- ✓ informieren
- ✓ kann anregen, etwas selber zu tun

Gleiche Wörter mit unterschiedlichen Bedeutungen

1 Wie funktioniert das Teekesselchen-Spiel? Erklärt.

2 Schreibe die Teekesselchen mit zwei Bedeutungen auf: Pony: kleines Pferd, Teil der Frisur, ...

Pony | Löffel | Mühle | Schloss

Teil der Frisur | schützt das Fahrrad vor Dieben | kleines Pferd | Ohr des Hasen | Brettspiel | damit wird aus Korn Mehl | Wohnsitz des Königs | Teil des Essbestecks

3 Sammelt weitere Teekesselchen. Spielt das Spiel.

4 Recherchiere. Finde zu jedem Wort zwei Bedeutungen. Schreibe sie auf.

Blatt | Boxer | Birne | Nagel | Bank

5 Recherchiere. Finde zu jedem Wort möglichst drei Bedeutungen. Schreibe sie auf. Flügel: Gebäudeteil, ...

Flügel | Linse | Feder

· mit Sprache experimentell und spielerisch umgehen

· SAH Fö: Teil C, S. 10, 11
· KV Fö/FO
· 61, 63

· ÜH: S. 66, 67
· KV: 101, 102

Wortbausteine bei Verben kennen

1 Schaut euch die Verben an. Was fällt euch auf?

aufkleben: Die Kinder kleben ihre Fotos auf .

vorlesen: Ella und Max lesen ihre Berichte vor .

> **Einige Wortbausteine können sich im Satz vom Verb trennen:**
> ausmalen: Ich male ein Bild aus.

2 Schreibe die Sätze ab. Markiere die Verben.

anmalen: Tim malt die Pappe an. …

anmalen: Tim malt die Pappe an.
aufkleben: Sina klebt die Bilder auf.
abschreiben: Ebru schreibt den Text ab.
zuhören: Die Lehrerin hört den Kindern zu.

3 Schreibe den Text ab und ergänze die Verben.

Tina packt das Geschichtenbuch aus.
Sie ___ Quiesel daraus ___.
Aber Quiesel ___ nicht ___.
Er ___ über seine Geburtstagsparty ___.

auspacken
vorlesen
zuhören
nachdenken

4 Bei welchen Verben kann sich der Wortbaustein im Satz vom Verb trennen? Schreibe mit diesen Verben Beispielsätze auf.

wegbringen entlaufen eingraben zerfallen erzählen
aufräumen enttäuschen verpacken beantworten

Abkürzungen kennenlernen

1 Warum kann man den Satz schwer verstehen? Tauscht euch aus.

Vor dem Hbf stehen viele E-Roller, Pkw u. Lkw.

2 Ordne die Abkürzung der passenden Bedeutung zu. Schreibe so:
Hbf = Hauptbahnhof, ...

Hbf	S.	E-Roller
z. B.	Pkw	Lkw
km	usw.	U-Bahn
Dr.	Tel.	www.
Nr.		vgl.

Untergrundbahn	Doktor	zum Beispiel
Hauptbahnhof	Seite	Kilometer
Personenkraftwagen		Elektroroller
World Wide Web	Nummer	Telefon
Lastkraftwagen	vergleiche	und so weiter

3 Schreibe die Zutatenliste für das Waffelrezept ohne Abkürzungen auf:
125 Gramm Butter, ...

125 g Butter   100 g Zucker   1 Pk. Vanillezucker   3 Eier   250 g Mehl
1 Pr. Salz   1 TL Backpulver   200 ml Milch   1 Msp. Zimt

Gramm   Päckchen   Prise   Teelöffel   Milliliter   Messerspitze

4 Recherchiere. Woher kommen die Autos? Schreibe auf.

5 Warum werden Abkürzungen verwendet? Tauscht euch aus.
Man verwendet Abkürzungen, weil ...

Merkwörter mit h kennen Ⓜ

1 Warum sind diese Wörter Merkwörter? Tauscht euch aus.

Zahl	ohne	Gefahr
fröhlich	Lehm	wählen

2 Ordne die Wörter. Beachte den Mitlaut nach dem **stummen h**.
hl: zählen, … hm: lahm, … hn: die Bahn, … hr: rühren, …

das Gefühl	zählen	das Huhn	kühl	lahm
der Rahmen	fehlen	der Lehrer	die Bahn	ihm
die Söhne	fahren	der Rahm	wohnen	rühren
die Höhle	nehmen	die Zahl	bohren	ohne

3 Schreibe die Merkwörter mit **h**. Schaue in der Wörterliste nach.

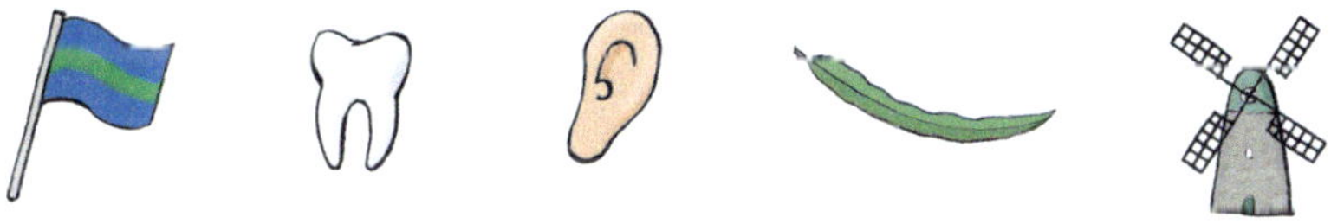

4 Schreibe den Text ab. Ergänze die fehlenden Pronomen.

ihm ihn ihnen ihre ihrer ihr ihren

Projekt im Seniorenheim
Die Kinder treffen ■ Partnerklasse.
Gemeinsam wollen sie ■ Projekt besprechen.
Marie hat ■ Opa eingeladen.
Die Kinder erzählen ■ von ■ Idee
für den Spielenachmittag.
Sie fragen ■ nach seiner Meinung.
Maries Opa macht ■ einen Vorschlag.

5 Schreibe eigene Sätze mit diesen Pronomen. ihr ihn ihre ihren ihm

Wortstämme für die Rechtschreibung nutzen

1 Warum hilft dir der Wortstamm, richtig zu schreiben?
Tauscht euch aus.

! **Der Wortstamm ist ein Wortbaustein. Wortstämme werden oft gleich oder ähnlich geschrieben:** wühlen – die Wühlmaus,
wählen – die Wahl.

2 Welche Wörter gehören zur Wortfamilie FÜHL ?
Schreibe diese Wörter ab. Markiere den Wortstamm.

der Fühler	der Fehler	fühlen	gefühlt	fahren
gefühlvoll	das Gefühl	die Falle	früh	einfühlsam

3 Schreibe die Wörter nach den Wortfamilien LEHR und WAHL geordnet auf. Markiere die Wortstämme.

der Gelehrte	wählen	die Auswahl	lehren	der Lehrplan
wählerisch	gelehrt	die Wahl	wahllos	verwählen
die Lehrerin	gewählt	belehren	der Lehrling	der Wähler

4 Schreibe Wörter zur Wortfamilie FAHR auf: Fahrrad, ...

5 Welches Wort ist falsch geschrieben? Begründet.

Zahl zälen bezahlen

Rechtschreibgespräch Seite 32

· Rechtschreibstrategien anwenden: Wortbausteine
· Lerntechniken: Rechtschreibgespräch

· SAH Fö: Teil C, S. 16
· KV Fö/FO · RS: S. 13
· 66

· ÜH: S. 71
· KV 108, 109

Wortstämme für die Rechtschreibung nutzen

1 Wähle eine Aufgabe aus.

a Schreibe die Wörter geordnet nach Wortfamilien auf.
Markiere den Wortstamm.
STELL: stellen, ... FALL: ...

stellen	bestellen	auffällig	stellte	das Gefälle
gefällt	die Stelle	der Einfall	einstellig	die Umstellprobe
fallen	verstellt	der Fall	zufällig	bestellbar
auffallen	der Abfall	anstellen	der Notfall	das Gestell

b Schreibe die Wörter nach Wortfamilien geordnet auf.
Markiere den Wortstamm. RENN: rennen, gerannt, ...

rennen	klettern	die Schwimmhalle	geklettert
kennen	sie schwamm	die Bekanntschaft	gerannt
schwimmen	die Rennbahn	der Kletterwald	bekannt

c Schreibe den Text auf und setze Wörter der Wortfamilie SONN ein.

Am ___ fahren wir ans Meer. Es ist ein ___ Tag.
Die ___ scheint heiß.
Wir ___ uns am Strand. Einen ___ haben wir auch dabei.
Die ___ spiegeln sich im Wasser. Quiesel setzt seine ___ auf.
Er ist nicht eingecremt. Deswegen bekommt er einen ___.

2 Wie kann die Strategie helfen,
ein Wort richtig zu schreiben? Tauscht euch aus.

So macht es Quiesel

Texte mit der Quieselkarte abschreiben

1

Ich lese den Text.
Mit der Quieselkarte decke ich den Text ab. Ein Wort oder mehrere Wörter lasse ich frei.

2

Ich spreche die Wörter deutlich.
Ich merke mir schwierige Stellen.
Dann decke ich die Wörter ab und schreibe sie auswendig auf.

3

Ich vergleiche meine geschriebenen Wörter mit dem Text.

4

Ich verbessere ein Wort, wenn es falsch ist.
Ich schiebe die Quieselkarte weiter.

1 Schreibe den Text mit der Quieselkarte fehlerfrei ab.

> Lola und Max sind gute Freunde.
> Sie besuchen die gleiche Schule.
> Am Nachmittag sind sie Spielplatzpaten.

· Arbeits- und Lerntechniken selbstständig nutzen: abschreiben mit der Quieselkarte

· SAH Fö: Teil C, S. 18

Merkwörter mit h Ⓜ

Merkwörter mit h
die **Auswahl**
ehrlich
die **Fahne**
der **Fehler**
fröhlich
die **Lehrerin**
die **Mühle**
die **Sahne**
der **Teilnehmer**
übernehmen
zählen
zehn

1 Sprich und schwinge die Übungswörter.

2 Übe die Wörter mit der Profikarte.

3 Schreibe die Wörter richtig auf.

hörfchil   Fenah   chilehr
menüberneh   lenzäh   nehz

4 Führt ein Rechtschreibgespräch zu dem Wort Mühle .

5 Schreibe den Text in deiner schönsten Schrift ab.

Der Spielenachmittag
Es soll ein fröhlicher Tag mit den Großeltern werden.
Die Lehrerin bringt Sahnekuchen mit. Die Auswahl der Spiele übernehmen die Kinder der 3a. Es gibt zehn Spieltische.
Wenn ein Tisch frei ist, wird eine kleine Fahne aufgestellt.
Das Mühlespiel wird oft gewählt. Bei den Würfelspielen muss man genau zählen können.
Alle Teilnehmerinnen und Teilnehmer sollen ehrlich spielen.
Zufällig trifft Tom beim Mühlespiel auf seinen Opa.
Tom spielt sehr geschickt. Opa passt nicht auf und macht einen Fehler. Deshalb gewinnt Tom.

6 Markiere die Übungswörter in deinem Text.

7 Schreibe Sätze mit diesen kleinen Wörtern.

sehr   ihre   bis   mehr

Wortbausteine bei Verben kennen

1 Wähle eine Aufgabe aus.

a Schreibe die Verben ab.
Markiere die Wortbausteine der Verben.

umstellen	abschreiben	nachschlagen	ansehen
entdecken	zuhören	einsetzen	benennen
aufessen	vergessen	unterstreichen	aufzählen

b Setze die Verben ein.
Schreibe so: Das Kind sagt ein Gedicht auf.

aufsagen:	Das Kind ___ ein Gedicht ___.
einpacken:	Lisa ___ ein Geschenk für Quiesel ___.
vortragen:	Quiesel ___ den Kindern einen Witz ___.
abwischen:	Der Lehrer ___ den Tisch ___.
weglaufen:	Der große Hund ___ vor der kleinen Maus ___.
umziehen:	Morgen ___ wir in den anderen Klassenraum ___.

c Bei welchen Verben kann sich der Wortbaustein im Satz nicht trennen? Schreibe mit diesen Verben Beispielsätze.
Markiere die Wortbausteine der Verben.

entdecken	vorlesen	anfahren	erstellen
aufdecken	bestellen	verzeihen	entkommen
wegbringen	mitnehmen	zerreißen	versprechen

Schreibe auf: Ich bin fit! ☺ Ich trainiere weiter. 😐

· Möglichkeiten der Wortbilung kennen: Wortbausteine bei Verben
· den eigenen Lernerfolg reflektieren

· SAH Fö: Teil C, S. 21

· ÜH: S. 73, 75

Merkwörter mit h kennen (M)

1 Wähle eine Aufgabe aus.

a Vor welchen Mitlauten steht das **stumme h**?
Schreibe die Wörter geordnet ab.

hl	hm	hn	hr

Wohnung	fehlen	gähnen	Jahr
Bühne	bohren	ohne	Stuhl
Ruhm	während	nehmen	rühren
Höhle	zahm	fühlen	ihm

b Schreibe zu jedem Wort zwei Wörter aus der passenden Wortfamilie.

die Ehre   erzählen   die Lehrerin

hohl   lahm   dehnen   bohrt

c Bilde Sätze, in denen möglichst viele Merkwörter mit **h** aus einer Wortfamilie vorkommen:
Wir wohnen in den Ferien in einer wohnlich eingerichteten Ferienwohnung.

Schreibe auf: Ich bin fit! ☺ Ich trainiere weiter. 😐

Roboter und Co.

1 Was seht ihr auf den Bildern?

2 Beschreibt einen der Roboter möglichst genau.
Beschreibt sein Aussehen. Vermutet auch, was er alles kann.

3 Von welchen Robotern habt ihr schon gehört? Erzählt.

· funktionsangemessen sprechen: genau beschreiben und erzählen
· analysieren, reflektieren, problemlösen

· SAH Fö: Teil C, S. 24

Einen Vortrag planen

1 Wie plant Tim seinen Vortrag? Erklärt.

2 Welche Antworten passen zu Tims Fragen?
Besprecht euch. Ordnet zu: ①: d, ...

a) Bildor von meinem Roboter

b) Namen nennen, Funktion nennen, von oben nach unten beschreiben

c) Die Zuhörer sollen wissen, wie der Roboter aussieht und was er Besonderes kann.

d) Kinder meiner Klasse

3 Erfinde einen eigenen Roboter und halte einen Vortrag. Beachte die vier Fragen.

Einen Vortrag planen:
Ich überlege:
- Wer hört mir zu?
- Was möchte ich erreichen?
- Was sollte ich zeigen?
- Wie muss ich meinen Vortrag aufbauen?

Eine Beschreibung mit einer Mindmap planen

1 Amelie will mithilfe einer Mindmap ihren Roboter beschreiben.
Welchen Roboter will Amelie beschreiben? Tauscht euch aus.

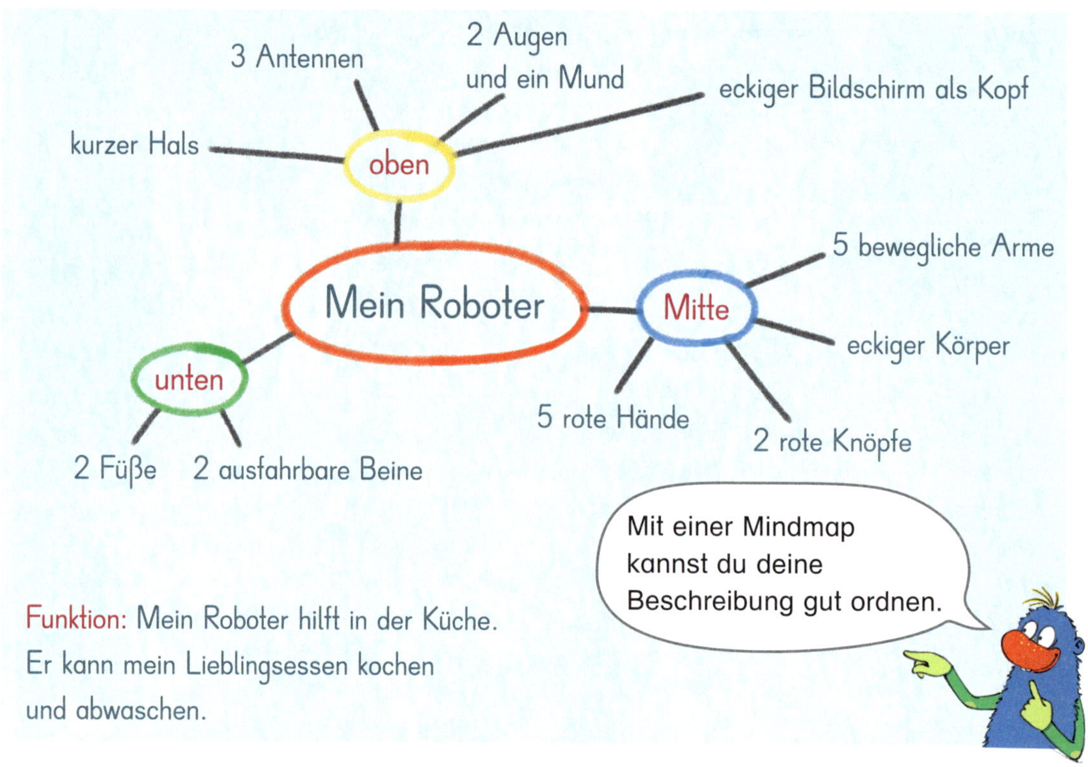

2 Beschreibt Amelies Roboter möglichst genau mithilfe der Mindmap.

3 Erstelle eine Mindmap zu einem anderen Roboter.

Einen Roboter schriftlich beschreiben

1 Lies Amelies Suchanzeige.

Roboter entlaufen
Seit Montag vermisse ich meinen Roboter.
Er hat oben einen eckigen Kopf mit drei Antennen.
Zwei Antennen befinden sich an den Seiten, eine Antenne ist oben auf dem Kopf befestigt.
Der Kopf ist ein Bildschirm mit zwei Augen und einem Mund.
In der Mitte ist der längliche, eckige Körper des Roboters.
Auf dem Körper befinden sich zwei rote Schaltknöpfe.
Seitlich befinden sich die Arme des Haushalts-Roboters.
An den Händen trägt mein Roboter fünf rote Handschuhe.
Mein Roboter kann in der Küche helfen.
Er kocht mein Lieblingsessen und macht den Abwasch.
Bitte meldet euch bei Amelie!

Amelie@ | Amelie@ | Amelie@ | Amelie@ | Amelie@

2 Vergleicht den Text mit der Mindmap.
Wie wurde die Beschreibung geordnet?

3 Welche Stichpunkte aus der Mindmap wurden in der Suchanzeige nicht verwendet?
Schreibe die Anzeige ab und ergänze, was fehlt.

Schreibkonferenz Seite 41

4 Schreibe selbst eine Suchanzeige zu einem Roboter.
Überprüfe deinen Text mit der Checkliste.

Checkliste: Schriftlich beschreiben
- ✓ sinnvolle Reihenfolge
- ✓ genau beschreiben
- ✓ vollständig beschreiben
- ✓ passende Wörter (Fachwörter, Adjektive)
- ✓ Gegenwartsform verwenden

Satzglieder kennen: Subjekt

1 Versucht, nur mit diesen Satzgliedern einen Satz zu bilden. Was fällt euch auf?

auf vier kleinen Rollen	über den Teppich	fährt

2 Welche Information fehlt für einen vollständigen Satz?

Das **Subjekt** ist ein Satzglied.
Man fragt nach dem Subjekt mit **Wer oder was ...?**
Der Roboter | kocht | eine Suppe |.
Wer oder was kocht eine Suppe? – der Roboter

3 Frage nach dem Subjekt in den Sätzen. Schreibe so:
Roboter Dudo arbeitet im Haushalt. Wer arbeitet im Haushalt? – Roboter Dudo

Roboter Dudo | arbeitet | im Haushalt |.
Sein Kopf | sitzt | auf einem kurzen Hals |.
Die Antennen | empfangen | alle Geräusche |.
Schnell | trippeln | seine flinken Füße | über den Boden |.
Er hat einen runden Backofenbauch.
Sehr lustig ist seine kleine Nase.

4 Stelle die Sätze so um, dass das Subjekt in Satz 2 und 3 nicht am Anfang steht. Schreibe die Sätze auf.

Der Haushaltsroboter backt einen Kuchen. Er trennt die Eier vorsichtig über einer Schüssel. Er wirft dabei leider ein Ei auf den Boden.

5 Was habt ihr nun über das Subjekt gelernt? Tauscht euch aus.
Das Subjekt ist ... Das Subjekt kann ... Ich finde das Subjekt, indem ...

- sprachliche Operationen nutzen: umstellen
- sprachliche Begriffe kennen und verwenden: Subjekt bestimmen

- SAH Fö: Teil C, S. 28, 29
- KV Fö/FO
- 71, 72

- ÜH: S. 78
- KV 117

Satzglieder kennen: Prädikat

1 An welcher Stelle steht das markierte Satzglied im Aussagesatz?
An welcher Stelle steht es im Fragesatz? Tauscht euch aus.

Der Roboter | trägt | meine Tasche |.
Meine Tasche | trägt | der Roboter |.
Trägt | der Roboter | meine Tasche |?

Das **Prädikat** ist ein Satzglied.
In Aussagesätzen ist es das zweite Satzglied:
Der Roboter | fährt | in die Schule |.
Stellst du das Prädikat nach vorne, entsteht ein Fragesatz:
Fährt | der Roboter | in die Schule |?

2 Schreibe die Aussagesätze mit den Fragen zusammen auf.
Schreibe so: Mein Roboter heißt Orbi. – Heißt mein ...

Aussagesätze	Fragesätze
Mein Roboter | heißt | Orbi |.	Heißt mein Roboter Orbi?
Er | erledigt | alles | für mich |.	Erledigt er alles für mich?
Morgens | macht | er | mein Bett |.	Macht er morgens mein Bett?

3 Finde das Prädikat mit den Fragen
Was tut ... ? Was geschieht ...?
Schreibe so: Was tut Diggi? – er spielt, ...

Bei einigen Sätzen findet man das Prädikat mit den Fragen **Was tut/tun ...?** oder **Was geschieht ...?**

Diggi | spielt | mit mir | Basketball |.
In der Schule | schreibt | Diggi |.
Außerdem | schält | er | mein Obst |.
Er | schimpft | mit der frechen Greta |.

Was tut/tun ...? Was geschieht ...?
Stellst du das Prädikat nach vorne, entsteht ein Fragesatz.
Prädikat

Fremdwörter kennen

1 Warum versteht Ella nicht genau, was Leo zu ihr sagt? Tauscht euch aus.

chatten
Wort aus dem Englischen für **sich unterhalten**, meistens am Computer oder am Handy in Textform.

2 Ordne zu. Schreibe die Fremdwörter und ihre Bedeutung auf: Interview – ein ...

Interview **Genie** **Recycling** **cool sein** **Smoothie**

- Aufbereitung und Wiederverwendung von benutzten Rohstoffen
- ein Gespräch zwischen Menschen, meistens mit Fragen und Antworten
- lässig oder gelassen sein
- kaltes Mixgetränk, z. B. aus Obst, Gemüse oder Milchprodukten
- ein Mensch mit überragender Begabung

3 Setze passende Fremdwörter in den Text ein. Schreibe die Sätze auf.

Der Erfinder der Roboter ist ein echtes ▬.
Mein Nachbar spielt Gitarre in einer Band. Er ist ein ▬ Typ.
▬ hilft beim Umweltschutz. Im Radio habe ich ein ▬ dazu gehört.
Jetzt mixe ich mir einen leckeren, grünen ▬.

4 Erklärt euch die Fremdwörter gegenseitig. Denkt euch zu jedem Wort einen Satz aus.

fair | typisch | E-Bike | Virus | Chance

- gebräuchliche Fremdwörter kennen und verwenden
- informieren und recherchieren

- SAH Fö: Teil C, S. 32
- KV Fö/FO
- 73

- KV 120

Wörter mit r richtig schreiben

1 Sprecht die Wörter. In welchem Wort kannst du das **R/r** besser hören?

Rasen Worte

2 Schreibe die Wörter ab. Markiere das **r**: die Karte, ...

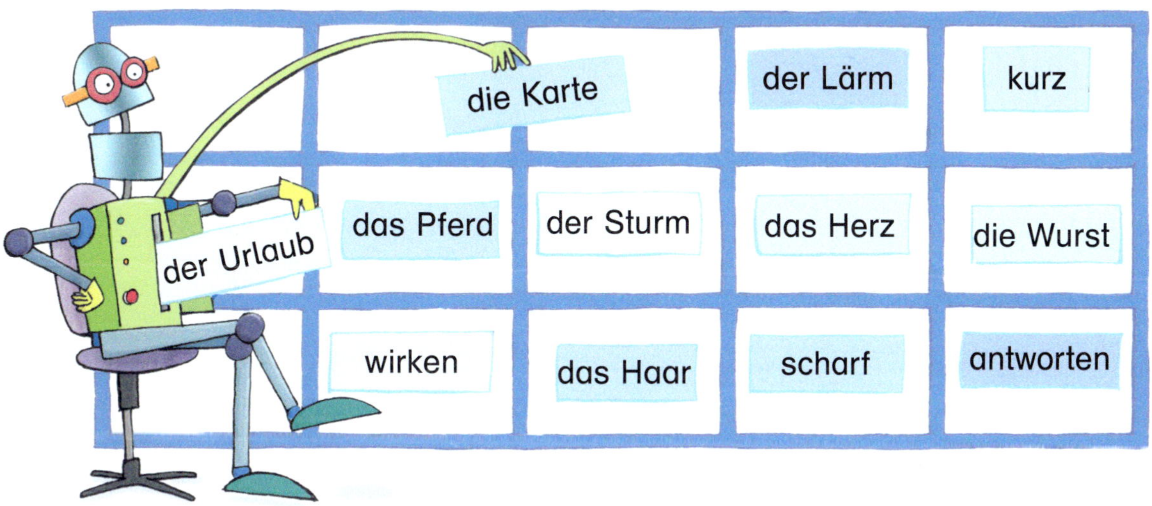

3 Bei welchen Wörtern hört man das **r** gut, bei welchen nicht? Schreibe sie geordnet auf:

R/r gut zu hören	R/r nicht gut zu hören

Arzt	brummen	antworten	werfen	Berg
Sport	Rosine	Schrank	retten	ärgern
sehr	Karate	Amerika	kräftig	Paar

Versuche, die Wörter auch einmal ohne das **R/r** zu sprechen.

Listentraining Seite 88

4 Suche möglichst viele Wörter mit **r**, in denen du das **r** nicht gut hörst. Schreibe sie auf. Markiere das **r**.

5 Was habt ihr über Wörter mit **r** erfahren? Tauscht euch aus.

- rechtschreibwichtige Wörter mit r kennen, üben, richtig schreiben
- erklären und begründen

- SAH Fö: Teil C, S. 33
- KV Fö/FO
- 74

- ÜH: S. 80
- KV 121

Wörter mit h an der Silbengrenze kennen

1 Welche Strategie hilft Tim? Begründet.

Das **silbentrennende h** steht zwischen zwei Selbstlauten.
Es steht an der **Silbengrenze** am Anfang der zweiten Silbe.
In verwandten Wörtern bleibt es meistens erhalten.
Durch **Verlängern** kann man das **h** an der Silbengrenze besser hören: geblüht – blü|hen, früh – frü|her, der Floh – die Flö|he.

2 Schreibe die Wortpaare geordnet auf.
Trage Silbenbögen ein. Markiere das **h**: ste hen – steht, ...

steht	Schuh	dreht	Schuhe	stehen	gehen
geht	nah	Kuh	Kühe	drehen	näher

3 Finde eine Verlängerung zu den Wörtern, um das **h** an der Silbengrenze zu hören. Schreibe die Wortpaare zusammen auf: die Naht – nä hen, ...

die Naht   es weht   sie zieht   das Reh   froh

4 Suche zu jedem Wortstamm Wörter aus der Wortfamilie.
Schreibe so: GEH: Gehweg, gehen, er geht, ...

GEH   RUH   GLÜH   LEIH   ZIEH   SEH

· Rechtschreibstrategien anwenden: Silben schwingen und verlängern bei Wörtern mit silbeninitialem h

· SAH Fö: Teil C, S. 34
· KV Fö/FO · RS: S. 4
· 75

· ÜH: S. 81
· KV 122

Merkwörter mit Y/y kennen Ⓜ

1 Sprecht die Wörter. Wie sprecht ihr das **Y/y** in den Wörtern?

typisch — Yoga — Party

Wörter mit **Y/y** musst du dir merken.

2 Was siehst du auf den Bildern?
Schreibe die Wörter mit **Y/y**.
Kontrolliere mit einem Wörterbuch.

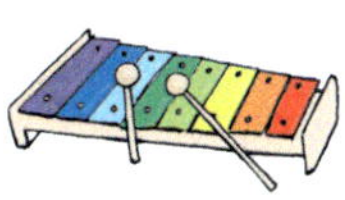

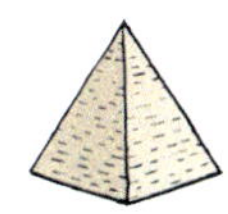

3 Ordne die Wörter nach dem Abc und schreibe sie richtig auf.
Markiere das **y**.

NORDERNEY	HOBBY	HOCKEY	TEDDY	HYGIENE
GYMNASIUM	CITY	ÄGYPTEN	ZYLINDER	SYMBOL

4 Ergänze die Sätze mit dem passenden Wort.
Schreibe die Sätze auf und markiere das **y**.

Roboter müssen auch mal tanzen. Morgen gehe ich zu einer ___.

Ich muss dem ___ abends immer den Schnuller geben.

Wartet mal, mein ___ klingelt.

Ich würde so gerne auf einem ___ reiten.

· Rechtschreibstrategien anwenden: merken bei Merkwörtern mit Y/y

· SAH Fö: Teil C, S. 35
· KV Fö/FO · RS: S. 115
· 76

· KV 123, 124

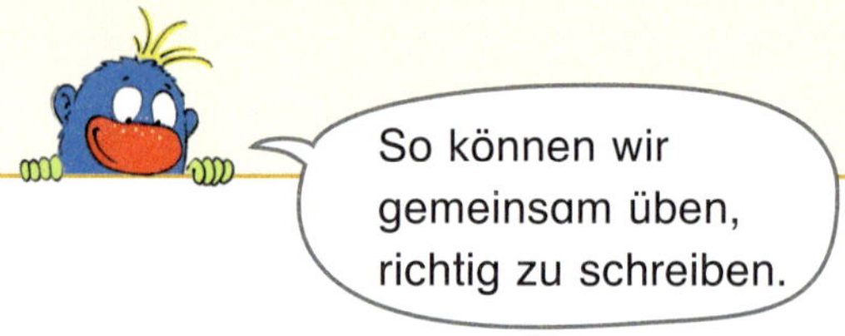

Partnerdiktat

1

Ich diktiere einem Partnerkind langsam und deutlich einen Satz. Alle Satzzeichen diktiere ich mit.

2

Macht mein Partnerkind einen Fehler, sage ich: „Stopp!“

3

Ich gebe meinem Partnerkind einen Tipp, an welcher Stelle es das Wort verbessern muss.

4

Wir wechseln uns nach jedem Satz ab.

1 Diktiert euch die Sätze.

Der Roboter hat keine Energie mehr.
Er muss ganz schnell aufgeladen werden.
Zum Glück sind seine Batterien bald wieder voll.
Jetzt kann er meine Hausaufgaben machen.

Wörter mit r
Wörter mit h an der Silbengrenze

1 Sprich und schwinge die Übungswörter.

2 Übe die Wörter mit der Profikarte.

3 Schreibe die Übungswörter richtig auf.

Karte drehen Arzt stehen Erde gehen

4 Führt ein Rechtschreibgespräch zu: er dreht .

5 Schreibt den Text als Partnerdiktat in eurer schönsten Schrift ab.

Roboter sind überall
Roboter gibt es überall auf der Erde. Sie nehmen dem Menschen immer mehr Aufgaben und Arbeiten ab. Roboter lesen Karten und können den Weg ansagen. Bei Operationen helfen sie den Ärzten und Ärztinnen. Viele Roboter unterhalten sich mit den Menschen. Einige können auch schon sehen, gehen und sich drehen. Einen typischen Roboter gibt es nicht.
Aber alles dreht sich mittlerweile um die kleinen Helfer. Auch Kinder besitzen Roboter. Meistens sind es Spielzeugroboter mit tollen Funktionen.

6 Markiere die Übungswörter in deinem Text.

7 Schreibe Sätze mit diesen **kleinen Wörtern**.

mein bei sie schon

W

Wörter mit r
die Arbeit
der Arzt
die Erde
die Karte
schwarz
starten

Wörter mit h an der Silbengrenze
dre**h**en
ge**h**en
na**h**
der Schu**h**
se**h**en
ste**h**en

- Lern- und Arbeitstechniken nutzen
- methodisch sinnvoll abschreiben
- Wörter des Grundwortschatzes

- SAH Fö: Teil C, S. 37, 38

- ÜH: S. 82
- KV 126–128, 162, 163

Satzglieder kennen: Subjekt und Prädikat

1 Wähle eine Aufgabe aus.

a Stelle die Satzglieder um.
Schreibe alle Möglichkeiten auf.

Nach den Hausaufgaben | machen | die Roboter | einen Mittagsschlaf

b Schreibe die Sätze ab. Unterstreiche Subjekt und Prädikat.

Der Roboter | fährt | in die Schule |.
Dort | hilft | der Roboter | den Kindern |.
Die Kinder | lernen | mit ihm | viel besser |.
Die Lehrerin | gibt | den Kindern | Hausaufgaben |.
Die Hausaufgaben | macht | der Roboter | für die Kinder |.

c Stelle die Satzglieder so um,
dass der Text besser klingt.
Unterstreiche Subjekt und Prädikat.

Der Roboter geht in die Schule.
Er fährt gerne mit seinem Fahrrad dorthin.
Er ärgert die Lehrer im Unterricht.
Der Roboter macht immer Geräusche.
Er lernt aber auch viel.
Mathematik ist sein Lieblingsfach.

Schreibe auf: Ich bin fit! 🙂 Ich trainiere weiter. 😐

- sprachliche Operationen nutzen: Subjekt und Prädikat bestimmen
- den eigenen Lernerfolg reflektieren

· SAH Fö: Teil C, S. 39

· ÜH: S. 83, 85

Wörter mit h an der Silbengrenze kennen

1 Wähle eine Aufgabe aus.

a Bilde Wortpaare. Schreibe sie auf. mähen – sie mäht, ...

mähen	blühen	sie blüht	sie mäht	er näht
er steht	drehen	stehen	er dreht	er weht
du gehst	fliehen	gehen	wehen	ihr flieht
nähen	es sieht	leihen	sehen	er leiht

b Schreibe die Verben mit einer Personalform auf.
Markiere das **h**.
Schreibe so: blühen – es blüht, ...

blühen	verstehen	mähen	sprühen	drohen
krähen	ruhen	flehen	verzeihen	sehen
stehen	drehen	wehen	gehen	fliehen
ziehen	leihen	nähen	glühen	bemühen

c Überprüfe Quiesels Aussage.
Findest du Wörter, bei denen das nicht so ist?

Zwei Selbstlaute können an der Silbengrenze nicht aufeinander treffen. Die zweite Silbe muss immer mit einem Mitlaut beginnen.

Schreibe auf: Ich bin fit! 🙂 Ich trainiere weiter. 😐

Vor vielen Jahren

1 Schaut euch die Bilder an. Beschreibt.

2 Was ist heute anders? Erzählt.

3 Wie stellt ihr euch die Zukunft vor? Tauscht euch aus.

Ich stelle mir vor, dass ...   In der Zukunft könnte es ...

- funktionsangemessen sprechen: beschreiben und erzählen
- aktiv eigene Vorstellungen einbringen

- SAH Fö: Teil C, S. 42

Gezielt fragen

1 Lies die Sprechblasen.

2 Welche Fragen werden die Kinder beantworten können, welche nicht? Begründet.

3 Was würdet ihr die Kinder gerne fragen?

Fahrzeuge? Geräte? Kleidung? Essen? Schule? Arbeit?

4 Sammelt eure Fragen. Schreibt sie auf.
Gab es...? Hattet ihr...? Wart ihr oft ...? Welche...? Wo...? Wie... ? Was...?

5 Wo könnt ihr Antworten auf eure Fragen finden? Überlegt gemeinsam.

- richtige Fragetechnik reflektieren
- eigene Interessen und Vorlieben äußern
- Möglichkeiten der Recherche reflektieren

- SAH Fö: Teil C, S. 43

Eine Geschichte planen und aufbauen

1 Wohin würdet ihr gerne mit der Zeitmaschine reisen? Tauscht euch aus.

2 Tim hat Ideen für eine Geschichte über seine Zeitreise gesammelt.
Erzählt Tims Geschichte. Denkt euch auch eine Überschrift aus.

Überschrift

Einleitung: Wer? Wann? Wo?	**Hauptteil:** Was passiert? Wie geht es weiter?	**Schluss:** Wie endet die Geschichte?
- ich - erfand in meinem Bastelkeller eine Zeitmaschine - vor einiger Zeit	- probierte Zeitmaschine aus - reiste in die Zeit, als mein Opa ein Kind war - spielte mit meinem Opa und seinen Freunden Fußball - Opa schenkte mir eine Mütze - reiste zurück in meine Zeit	- erzählte alles - zeigte Opa die Mütze
Vor einiger Zeit ... Es ist noch nicht lange her, da ...	Dann eines Tages... Endlich war der Tag gekommen ... Nun war es so weit ...	Schließlich erzählte ... Und so ...

3 Plane selbst eine Zeitreisegeschichte.

- eigene Vorstellungen formulieren
- Ideen für eine Überschrift sammeln
- nach Anregung Fantasiegeschichte planen

- SAH Fö: Teil C, S. 44
- 79

- ÜH: S. 86
- KV 129, 130

Eine spannende Geschichte schreiben

1 Lies den Ausschnitt aus Tims Geschichte.

> Ich sah den Jungen eine Weile beim Fußballspielen zu.
> Dann kam einer der Spieler auf mich zu. Er trug eine knielange, fleckige Hose, ein weißes Hemd und Hosenträger.
> Er sah mich unter verstrubbelten Haaren an und fragte:
> „He, du, hast du Lust mitzuspielen?“ Ratet mal, wer der Junge war? Ich traute meinen Augen nicht.
> Es war mein Großvater. Ich erkannte ihn sofort von den Bildern, die er mir von früher gezeigt hatte.

2 Schaut euch den Text genau an.
Wodurch wird er interessant und spannend?
Tauscht euch aus.

3 Schreibe Tims Text ab.
Unterstreiche, wo Tim Adjektive und wörtliche Rede verwendet und wo er den Leser direkt anspricht.

4 Schreibe eine spannende Geschichte über eine Zeitreise.
Nutze deine Planung von Seite 122.

Ihr ahnt nicht, was dann passierte ...
Ratet mal, ...
Das glaubt ihr mir nie, aber ...
Wisst ihr, was ...

Schreibkonferenz
Seite 41

5 Überarbeitet eure Geschichten mit der Checkliste.

Checkliste:
Eine spannende Geschichte schreiben

- ✓ Überschrift
- ✓ Einleitung: Wer? Wann? Wo?
- ✓ Hauptteil: Was passiert? Wie geht es weiter?
- ✓ Schluss: Wie endet die Geschichte?
- ✓ wörtliche Rede, passende Adjektive, die Leserin oder den Leser direkt ansprechen

Zeitformen kennen: Vergangenheitsformen

1 Lest die beiden Texte. Was fällt euch auf?

Früher sprachen die Lehrer
die Kinder mit dem Nachnamen an.
Das fanden wir ganz normal.
Wir schrieben
auf kleinen Tafeln.

Früher haben die Lehrer die Kinder
mit dem Nachnamen angesprochen.
Das haben wir ganz normal gefunden.
Wir haben auf kleinen Tafeln geschrieben.

! Verben können in verschiedenen Vergangenheitsformen stehen.
Beim Schreiben verwendet man häufig
die **einfache Vergangenheit (Präteritum)**: sie ging, er spielte.
Beim Sprechen verwendet man häufig die **zusammengesetzte Vergangenheit (Perfekt)**: sie ist gegangen, er hat gespielt.

2 Schreibe die Verben geordnet in eine Tabelle.

Grundform	einfache Vergangenheit	zusammengesetzte Vergangenheit
treffen	er traf	er hat getroffen

treffen	sie ist gelaufen	er hat gemalt	er malte	er traf	fahren
malen	er hat getroffen	sie ist gefahren	laufen	sie lief	sie fuhr

3 Schreibe den Text ab. Markiere die zusammengesetzte Vergangenheit:
Wir haben im Haus mit Puppen und Autos gespielt.

Wir haben im Haus mit Puppen und Autos gespielt. Das hat uns viel Spaß gemacht. Oft haben wir uns auch auf der Straße getroffen. Es sind damals noch kaum Autos gefahren. Im Ort hat es einen Laden gegeben. Dorthin sind wir sehr gern gegangen. Eine Rosinenschnecke hat zehn Pfennig gekostet. Am Abend haben wir Radio gehört.

- sprachliche Begriffe kennen und verwenden
- Zeitstufen bei Verben unterscheiden und nutzen: Präteritum und Perfekt

- SAH Fö: Teil C, S. 47
- KV Fö/FO
- 81

- ÜH: S. 88
- KV 133

Zusammengesetzte Vergangenheit (Perfekt)

1 Schreibe die Verben in der zusammengesetzten Vergangenheit passend zu den Pronomen auf: ich habe gesehen, du hast …

Hilfsverb:		**Hilfsverb:**	
haben		**sein**	
ich habe	sehen	ich bin	laufen
du hast		du bist	
er/sie/es hat	lesen	er/sie/es ist	hüpfen
wir haben		wir sind	
ihr habt	flüstern	ihr seid	wandern
sie haben		sie sind	

Die **zusammengesetzte Vergangenheit (Perfekt)** wird mit einer Personalform von **haben** oder einer Personalform von **sein** gebildet. Hier sind **haben** und **sein** Hilfsverben:
Sie hat über den Witz gelacht. Sie ist zum See gelaufen.

2 Schreibe den Text ab. Setze die Verben in der zusammengesetzten Vergangenheit ein. Markiere wie im Beispiel.

Meine Zeitreise
Ich bin in Opas Kindheit gereist. Seine Mutter ___ in der Küche Erbsensuppe ___ (kochen). Ich ___ zum Herd ___ (gehen). Die Suppe ___ sehr gut ___ (riechen). Beim Essen ___ mein Opa von der Schule ___ (erzählen). Danach ___ wir in seinem Zimmer mit einer Eisenbahn ___ (spielen). Am Abend ___ ich wieder in meine Zeit ___ (reisen).

3 Was wisst ihr über die zusammengesetzte Vergangenheit?

Zeitformen kennen und verwenden

1 Wähle eine Aufgabe aus.

a Schreibe die Sätze geordnet auf:
Ich spielte Fußball. Ich habe Fußball gespielt. ...

Ich spielte Fußball.	Ich habe Fußball gespielt.
Wir sprangen mit einem Seil.	Es sind kaum Autos gefahren.
Das Reifentreiben machte Spaß.	Das Reifentreiben hat Spaß gemacht.
Es fuhren kaum Autos.	Wir sind mit einem Seil gesprungen.

b Schreibe den Text im Präteritum auf.
Schreibe so: Wir trafen uns oft auf der Straße. ...

Wir haben uns oft auf der Straße getroffen.
Mit Kreide haben wir Häuser auf die Straße gemalt.
Manchmal sind wir alle zusammen zu den Ruinen gelaufen.
Dort haben wir uns versteckt. Immer ein anderer hat dann gesucht.
Wir sind erst abends nach Hause gegangen.

c Entscheide für jeden Satz, welche Zeitform am besten passt.
Schreibe den Text mit der passenden Zeitform ab.
Schreibe so: Ich landete mit meiner Zeitmaschine in einem Dorf. ...

Ich mit meiner Zeitmaschine in einem Dorf (landen).
Auf der Straße keine Autos (fahren).
Ich um zwei Häuser (gehen). Plötzlich ich Rufe (hören).
Auf einer Wiese ein paar Jungen Fußball (spielen).
Einer mich (fragen): „He, ich dich noch nie (sehen).
du mit uns Fußball (spielen)?“
Ich (antworten): „Ja, das ich sehr gerne (machen).“

Nomen nach Oberbegriffen ordnen

1 Welche Wörter gehören zu einer Gruppe?
Welche passen nicht?
Begründet.

Hose Rock
Müsli Pullover

Zu einem Oberbegriff kann man passende Wörter sammeln. Diese Wörter nennt man Unterbegriffe.

2 Ordne die Unterbegriffe den Oberbegriffen zu. Werkzeug: Hammer, …

Werkzeug Spielzeug Kleidung

Schuhe Hammer Zange Säge
Rock Kreisel Socken Pullover
Puppe Blechauto Schraubenzieher Murmelbahn

3 Finde zu diesen Oberbegriffen passende Unterbegriffe: Nahrung: Brot, …

Nahrung Instrumente Körperteile Maschinen

4 Spielt das Spiel.
Ihr braucht: eine Sanduhr, Oberbegriffe, euer Heft und einen Stift.
Schreibt möglichst viele Unterbegriffe zu diesen Oberbegriffen in einer vorgegebenen Zeit auf.

Zootiere Spielzeug Obst
Fahrzeuge Verwandte Insekten

Merkwörter mit i richtig schreiben M

1 Schlage die Wörter in der Wörterliste nach und schreibe sie auf.

2 Schreibe die Wörter nach dem Alphabet geordnet auf.

gib Igel Tiger wir Krokodil Idee prima Zitrone
dir Kino Musik mir Kaninchen Pilot Linie Radio

3 Schreibe zwei Sätze mit jedem Wort.

wir dir mir

4 Schreibe die Wörter geordnet auf.
Markiere so: -ine: die Maschine, … -in: der Kamin, …

die Maschine der Kamin die Gardine die Mandarine
die Praline das Benzin die Violine der Termin das Vitamin
das Trampolin die Ruine der Delfin die Kabine der Harlekin

5 Schreibe die Quatschsätze ab und markiere das lange **i**:
Der Tiger schenkt …

Der Tiger schenkt dem Virus ein Trampolin mit Margarine.
Das Krokodil im Kamin schenkt dem Detektiv ein Radio.
Wir waschen Mandarinen und Vitamine in der Waschmaschine.
Die Praline im Benzin hat den Weg durch die Pyramide vergessen.

6 Schreibe selbst Quatschsätze mit Wörtern mit langem **i**.

- Rechtschreibstrategien anwenden: merken bei Merkwörtern mit i

- SAH Fö: Teil C, S. 52
- KV Fö/FO · RS: S. 18
- 87
- ÜH: S. 90

Mit Strategien Fehler finden

1 Was bedeuten die einzelnen Strategien?
Erklärt euch die Strategien gegenseitig.

2 Welche Strategien helfen, diese Wörter richtig zu schreiben?
Ordne die Zeichen den Wortgruppen zu: verreisen, ...

Rechtschreibgespräch
Seite 32

Berg Hund lieb

Biene Kind spielen

Keller Schlüssel rennen

Bäume Hände Scheune

Zeit Dunkelheit Mut

verreisen **vor**lesen **ab**holen

Pony fahren Maschine

3 Schreibe die Wörter verbessert auf.
Ergänze das passende Strategiezeichen: Wand, ...

Want treumen Brif ferlassen begeisterung schwimen

4 Mit welchen Strategien musst du die Fehler im Text verbessern?
Schreibe den Text richtig auf: Eine Zeitreise, ...

Eine Zeidreise
Mit der Zeitmaschiene kannst du
in fergangene Zeiten reisen.
Du musst einfach nur den startknopf drücken
und schon geht es los. Du flitzt an vielen alten Heusern vorbei
und triffst Menschen von früer. Sie tragen komische kleidung.
Auch die Kinder spielen mit ganz anderen Spilsachen.
Spielzeugautos und Pupen gibt es aber schon.
Diese Reise wirst du auf keinen Fall fergessen.

Fehler finden
Seite 130

So macht es Quiesel

Fehler finden und verbessern

1

Ich schreibe einen Satz
oder einen Text.

2

Wenn ich mir bei einem Wort
unsicher bin, markiere ich das Wort.

3

Ich überlege,
ob mir eine Strategie hilft.
Ich kann das Wort auch
nachschlagen.

4

Wenn ich das Wort
falsch geschrieben habe,
verbessere ich es.

1 Schreibe eine kleine Zeitreisegeschichte.
Markiere die Wörter, bei denen du unsicher bist. Überprüfe sie.

· Lern- und Arbeitstechniken selbstständig nutzen: Fehlersensibilität bei eignen Texten entwickeln

· SAH Fö: Teil C, S. 54

· KV 140

Merkwörter mit i M

1 Sprich und schwinge die Übungswörter.

2 Übe die Wörter mit der Profikarte.

3 Finde die Fehler und verbessere die Wörter.
Notiere, welche Strategie dir dabei hilft.

Püramide Musig Iegel detektiv Tieger

4 Führt ein Rechtschreibgespräch zu dem Wort Vitamin .

5 Schreibe den Text in deiner schönsten Schrift ab.

Zeitreise
Ich reiste mit meiner Maschine durch die Zeit.
Wie ein Detektiv erkundete ich alles.
Sogar die Pyramiden konnte ich schon sehen.
Ich war auch bei der Erfindung des Radios dabei.
Die Musik von damals gefiel mir aber nicht.
Besonders mochte ich die Zeit, in der mein Opa noch ein Kind war. Wir spielten zusammen Fußball und er schenkte mir eine Mütze.
Diese zeigte ich ihm gestern.
Da staunte er natürlich sehr. Ich verriet ihm mein Geheimnis und wir planten eine Reise in die Zukunft. Was wir dort wohl erleben werden?

6 Markiere die Übungswörter in deinem Text.

7 Schreibe Sätze mit diesen **kleinen Wörtern**. man oft mir vor

Merkwörter mit i
der Biber
der Detektiv
die Idee
der Igel
die Linie
die Maschine
mir
die Musik
die Pyramide
das Radio
der Tiger
wir

Eine spannende Geschichte schreiben

1 Wähle eine Aufgabe aus.

a Schreibe Tims Text ab und unterstreiche, wo Tim Adjektive und wörtliche Rede verwendet und wo er den Leser direkt anspricht.

Ich stieg aus der Zeitmaschine und stand mitten in einem finsteren Wald. Plötzlich hörte ich hinter mir ein leises Rascheln. Ich drehte mich um und flüsterte: „Hallo, ist da wer?" Ratet mal, was zwischen den Blättern zum Vorschein kam! Vor mir stand ein winziger Dinosaurier.

b Schreibe Leos Text ab und unterstreiche, wo Leo Adjektive und wörtliche Rede verwendet und wo er den Leser direkt anspricht.

Als ich aus der Zeitmaschine stieg, musste ich blinzeln. Ihr ahnt nicht, wo ich gelandet war. Um mich herum schwebten glitzernde Flugmaschinen und blinkende Roboter. Der Boden war übersät mit bunten Blumen und schillernden Schmetterlingen. Plötzlich hielt eine der Flugmaschinen vor mir. Aus ihrem Inneren ertönte eine blecherne Stimme: „Guten Tag, es ist verboten, den Boden zu berühren."

c Schreibe die Geschichte spannend weiter.

Es ist noch nicht lange her, da baute ich meine erste funktionierende Zeitmaschine. Schimmernd und blinkend stand sie vor mir. Ich begann, meine erste Reise zu planen. Endlich war es soweit. Ich stieg in meine Maschine und ...

Schreibe auf: Ich bin fit! 🙂 Ich trainiere weiter. 😐

- Spannungsmelder kennen und verwenden
- nach Anregung eigene erzählende Texte schreiben

- SAH Fö: Teil C, S. 57

- ÜH: S. 93, 95

Einfache und zusammengesetzte Vergangenheit

1 Wähle eine Aufgabe aus.

a Ordne die Verben in eine Tabelle ein.

Grundform	einfache Vergangenheit	zusammengesetzte Vergangenheit

wir sahen, es flog, sie schrieb, er rannte
er ist gerannt, fliegen, sie hat geschrieben, rennen
er ist geflogen, schreiben, wir haben gesehen, sehen

b Schreibe den Text in der einfachen Vergangenheit auf.

Reise ins alte Ägypten
Zuerst bin ich über Berge und eine große Wüste geflogen. Dann habe ich in der Ferne einige spitze Gebäude gesehen. Ich habe sie sofort erkannt. Es sind tatsächlich drei große Pyramiden gewesen. Ich bin hinter der größten gelandet. Der Sand unter meinen Füßen ist sehr heiß gewesen. Plötzlich habe ich laute Rufe gehört.

c Schreibe den Text ab. Setze die Verben in der passenden Zeitform ein.

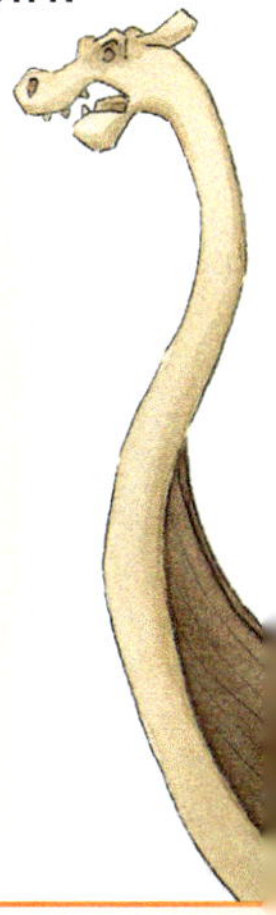

Meine Reise zu den Wikingern
Ich flog schon eine ganze Weile über das Meer (fliegen). Endlich ich einen Punkt am Horizont (sehen). Ihr schon, was das war (ahnen). Und tatsächlich, es ein Wikingerschiff (sein). Ich mitten auf den hölzernen Planken (landen). Langsam ich die Tür (öffnen).
Ein riesiger Wikinger (brüllen): „He, wer du denn (sein)?“
Ich (antworten): „Ich Lara und ich aus der Zukunft (heißen, kommen).“
Da der Riese laut (lachen): „So einen Quatsch ich noch nie (hören).“

Schreibe auf: Ich bin fit! 🙂 Ich trainiere weiter. 😐

Durch das Jahr

Heiligabend Laternenfest Sukkot Songkran

Mittsommer Ostern Einschulung

1 In welcher Jahreszeit werden die Feste gefeiert? Erzählt.

2 Welche Feste in den Jahreszeiten kennt ihr noch?
Tauscht euch aus.

3 Schreibe die Feste zu den Jahreszeiten geordnet auf.
Ergänze weitere Feste. Frühling: Ostern, ...

Zu Festen recherchieren

Mittsommerfest Ostern Sukkot Karneval

1 Was haben die Kinder schon zum Karneval herausgefunden? Tauscht euch aus.

2 Welche Namen gibt es noch für Karneval ? Recherchiere.

3 Sucht euch ein Fest aus. Recherchiert. Schreibt eure Ergebnisse auf.

4 Stellt das Fest der Klasse vor.

Herbst: Ein Mittendrin-Gedicht kennenlernen

1 Beschreibt das Bild.

2 Lies die Ideen, die die Kinder zu dem Bild gesammelt haben.
Schreibe die Ideensammlung weiter.

Regen peitscht — kalt — grauer Himmel — Oktober

reife Äpfel — Nüsse — dichter Nebel — Sturm tobt

3 Lest die Gedichte über den Herbst. Wie haben die Kinder die Ideensammlung genutzt?

und
Wolken und Wind
Wind und Drachen
Drachen und Spaß

manchmal noch warm aber
grauer Himmel aber schon kalt
früh dunkel aber auch bunte Blätter
aber Laternenschein

oder
warm oder kalt
Raureif oder Sonnenschein
Zugvögel fliegen oder Drachen steigen
Kürbisse schnitzen oder Kastanien sammeln

4 Erklärt, wie ein Mittendrin-Gedicht geschrieben wird.

5 Lest die Mittendrin-Gedichte mit Betonung vor.

- Ideen sammeln
- Formulierungen und Textmodelle nutzen
- gut betont lesen

- SAH Fö: Teil A, S. 62
- 92

KV 148

Herbst: Ein Mittendrin-Gedicht schreiben

1 Schaut euch die Herbstbilder an. Beschreibt.

①

②

③

④

⑤

⑥

2 Lest das Mittendrin-Gedicht. Zu welchem Bild passt es?

	und	
Husten	und	Schnupfen
zuhause bleiben	und	Tee trinken
Geschichten hören	und	gesund werden

Ein Vers ist eine Zeile im Gedicht.

3 Sammele zu einem der anderen Bilder Ideen. Schreibe sie auf.

4 Schreibe ein Mittendrin-Gedicht
zum Thema Herbst.
Es soll mindestens drei Verse haben.
Nutze deine Ideensammlung.

Checkliste: Mittendrin-Gedicht schreiben

- ✓ Verse passen zu einem Thema
- ✓ Mittendrin-Wort ist mehrmals untereinander aufgeschrieben
- ✓ Ideen stehen vor und hinter dem Mittendrin-Wort

5 Tragt eure Gedichte vor.

Winter: Einen Brief schreiben

1 Lies die Briefe.

Hallo Tom,
vielen Dank für deinen letzten Brief. Ich fand total spannend, was du über euer Halloween-Fest in deiner neuen Klasse geschrieben hast. Wir haben heute einen Weihnachtsbasar.
Ist der Streit mit eurer Nachbarklasse vorbei? Ich hoffe, dass ihr euch geeinigt habt.
Unsere Klasse spielt jetzt immer donnerstags auf dem Fußballplatz. Habt ihr auch ein Fußballfeld an der Schule?
Adrian

Wunschdorf, 11.12.2022

Hallo Adrian,
ich wäre auch gern bei eurem Basar dabei gewesen. Wie viel Geld habt ihr eingenommen? Ich habe mich schon ganz gut eingelebt. Unser Fußballplatz ist ganz klein und hat nur ein Tor. Deshalb gab es den Streit. Wir haben jetzt gemischte Mannschaften aus den beiden Klassen. Das klappt prima.
In der nächsten Woche habe ich am Donnerstag frei. Da könnte ich meine alte Klasse mal besuchen.

Ich bin gespannt auf deine Antwort.

Lieben Gruß

Tom

2 Haben Adrian und Tom die Tipps von der Checkliste beachtet?

3 Woran merkt man, dass Tom Adrians Brief aufmerksam gelesen hat?
Man merkt es daran, dass …

4 Schreibt euch gegenseitig Briefe.

Checkliste: Einen Brief schreiben
- ✓ Ort und Datum
- ✓ Anrede
- ✓ Text
- ✓ Abschiedsgruß
- ✓ Unterschrift

- Briefe kriterienorientiert überprüfen
- eigenen Briefverkehr umsetzen

- SAH Fö: Teil B, S. 62
- KV Fö/FO
- 94

KV 151, 152

Winter: Einen Briefumschlag beschriften

1 Betrachtet die Briefumschläge. Beschreibt.

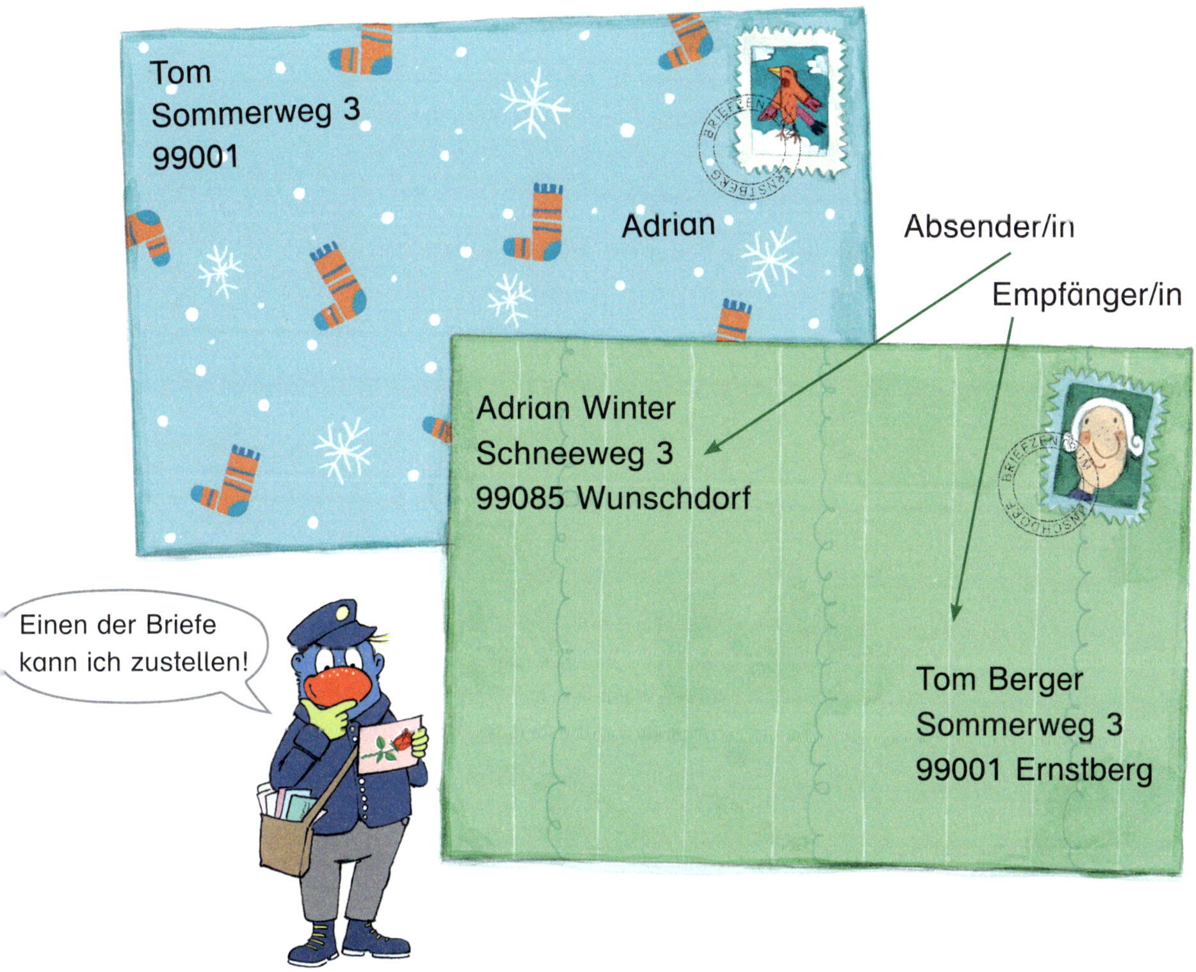

2 Welchen Brief kann der Post-Quiesel richtig zustellen? Begründe.

3 Erkläre, wie ein Briefumschlag beschriftet wird.

4 Wie muss Tom den Briefumschlag an Adrian beschriften? Schreibe auf.

5 Schreibe selbst einen Brief und verschicke ihn mit der Post.

- Briefumschlag formal überprüfen
- Wissen über Briefe für eigene Briefe nutzen

- SAH Fö: Teil B, S. 63
- 95

Frühling: Mit Reizwörtern kreativ Texte schreiben

1 Lest die Anleitung für das Schreibspiel.

(1) Schreibt Karten in den vorgegebenen Farben:

Lebewesen | **Frühlingsblumen** | **Lebensmittel** | **Textsorte**

(2) Zieht von jedem Stapel eine Karte.
(3) Auf der gelben Karte findet ihr euren Schreibauftrag.
(4) Die Wörter von den anderen Karten müssen in deinem Text vorkommen.

2 Lies den Anfang der Gruselgeschichte. Welche Wörter von den Karten hat Semi schon verwendet, welche fehlen noch?

Gruselgeschichte

Osterglocke

kleiner Hund

Salat

Also, ich muss eine Gruselgeschichte schreiben, in der diese Wörter vorkommen: Osterglocke, kleiner Hund, Salat.

Die unheimlichen Osterglocken
Am Freitag kaufte Mama einen Topf mit Osterglocken und stellte ihn ins Wohnzimmer. Ahnungslos ging sie in ihr Arbeitszimmer. In der Zwischenzeit entdeckte unser kleiner Hund Lolo den neuen Blumentopf. Als er neugierig daran schnüffelte, fingen die Blüten an, in verschiedenen Farben zu leuchten und verwandelten Lolo in ein böses, zotteliges Monster ...

3 Schreibe die Geschichte ab und beende sie. Baue den fehlenden Begriff ein.

4 Unterstreiche in deiner Geschichte die Wörter Osterglocke, kleiner Hund, Salat.

· spielerisch und kreativ Texte erstellen: Reizwortmethode

· SAH Fö: Teil C, S. 63
· KV Fö/FO

KV 153, 154

Frühling: Reizworttexte überarbeiten

1 Lies Lales Einladung.

> Liebe Greta,
> ich lade dich zu meiner Geburtstagsparty am 02.04. um 15 Uhr in der Mittelstraße 2 ein. Die Hexe Zottelhaar wird kommen und uns ihre Tricks zeigen. Danach gibt es für alle Gäste Blumenkohl.

Einladung

Hexe

Blumenkohl

Tulpen

2 Überprüft Lales Einladung mit der Checkliste.
Was ist gut gelungen?
Was muss noch verbessert werden?

Checkliste: Mit Reizwörtern kreativ Texte schreiben
- ✓ alle Begriffe auf den Karten verwenden
- ✓ Merkmale der Textsorte beachten. Zum Beispiel Einladung: Wozu? Wer? Wo? Wann? Was? Wer lädt ein?

3 Schreibe die Einladung verbessert auf.

4 Schreibt selbst rote, grüne, blaue und gelbe Karten für das Schreibspiel.

5 Ziehe von jedem Stapel eine Karte.
Erfülle die Schreibaufgabe von der gelben Karte.
Die Wörter der anderen Karten müssen in deinem Text vorkommen.

6 Lest eure Texte vor und überprüft sie mit der Checkliste.

Schreibkonferenz Seite 41

Sommer: Ein Rondell schreiben

1 Lest das Gedicht. Was fällt euch auf?

Ein Sommertag

Es ist so herrlich warm.
Die Sonne kitzelt mein Gesicht.
Ich sitze auf der Schaukel.
Es ist so herrlich warm.
Ich freue mich auf den Nachmittag.
Da spielen wir am Fluss.
Es ist so herrlich warm.
Die Sonne kitzelt mein Gesicht.

2 Erklärt den Bauplan eines Rondells.
Ein Rondell besteht aus ... Versen.
Der ... Vers wiederholt sich in der ... Zeile.

3 Welche Gedanken, Gefühle und Bilder fallen dir zum Sommer ein?
Schreibe selbst ein Rondell.

- Bauplan eines Rondells beschreiben
- Ideen sammeln
- Bauplan in eigenem Gedicht erproben

KV 156

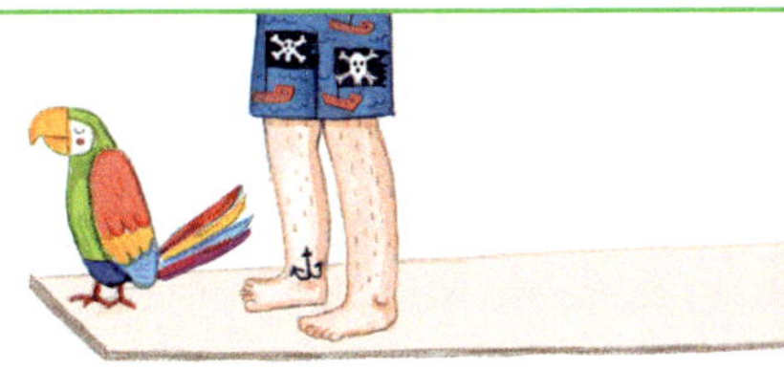

Sommer: Ein Rondell überarbeiten

1 Lest das Rondell. Was ist gut gelungen?
Was soll verbessert werden?

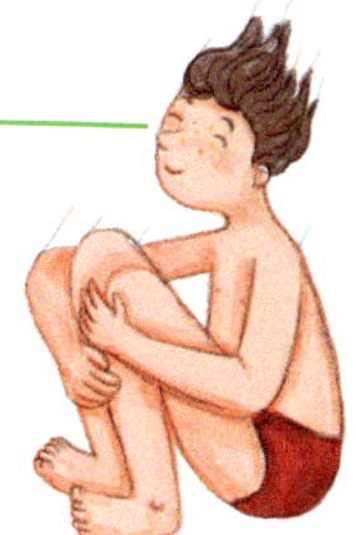

Ein Tag im Freibad

Ich freue mich so sehr.
Wir gehen heute ins Freibad.
Es gibt dort tolle Rutschen.
Wir gehen heute ins Freibad.
Im Kino kommt ein Piratenfilm.
Ich springe gern vom Dreimeterbrett.
Ich freue mich so sehr.
Wir gehen heute ins Freibad.

Checkliste: Ein Rondell schreiben

✓ 8 Verse,
die zum Thema passen

✓ Versreihenfolge:

2 Schreibe das Rondell verbessert auf.
Benutze verschiedene Farben.

3 Überarbeite dein eigenes Rondell.

Schreibkonferenz
Seite 41

4 Tragt eure Gedichte vor.

5 Ihr könnt eure Gedichte auch gestalten und in der Klasse aufhängen.

· Text mit Schreibaufgabe überprüfen
· Gedichte überarbeiten, vortragen und präsentieren

KV 157

Fachwörter

Laute und Buchstaben

- Aa Ee Ii Oo Uu
  sind **Selbstlaute** (Vokale).
  Alle anderen Buchstaben im Abc
  sind **Mitlaute** (Konsonanten).

- Das Abc heißt auch **Alphabet**.

Silben

- **Silben** sind Teile von Wörtern.
  Manche Wörter haben nur eine Silbe.

- Jede Silbe hat mindestens einen **Selbstlaut** a e i o u,
  Umlaut ä ö ü oder **Zwielaut** (Doppellaut) ai ei eu au äu.

Wortarten

Bei Wörtern kann man verschiedene **Wortarten** unterscheiden.

Zum Beispiel:

- Verben
- Nomen
- Artikel
- Adjektive
- Pronomen
- Präpositionen

Artikel (Begleiter)

- Artikel stehen beim Nomen.
- Es gibt **bestimmte Artikel**: der, die, das
- Es gibt **unbestimmte Artikel**: ein, eine

Pronomen

- **Pronomen** können anstelle eines Nomens stehen.

· grundlegende sprachliche Begriffe kennen: Laute, Buchstaben, Silben, Wortarten, Artikel, Pronomen

Nomen

- **Nomen** sind **Namen** für Menschen, Tiere, Pflanzen und Dinge.

der Mann   das Kaninchen   das Kleeblatt   das Nagelbrett

- **Nomen** sind **Namen**, die Gedanken, Ideen, Gefühle und Zustände bezeichnen.

der Traum   die Musik   die Angst   die Spannung

- Nomen gibt es in der **Einzahl** und in der **Mehrzahl**.
- Nomen können einen **Artikel** (Begleiter) haben.
- Nomen schreibt man **groß**.

- Nomen kann man zusammensetzen. Mit **zusammengesetzten Nomen** kann man sich genauer ausdrücken.

- Wörter mit den **Wortbausteinen** -ung, -heit, -keit am Wortende sind Nomen.

Adjektive

- **Adjektive** geben an, **wie** etwas ist.
- Viele Adjektive haben **Vergleichsstufen**.

· grundlegende sprachliche Begriffe kennen: Nomen, Adjektive

Fachwörter

Verben

- **Verben** geben an,
  was jemand **tut** oder was **geschieht.**
- Verben stehen in Wörterbüchern und Wörterlisten
  zuerst in der **Grundform**. Dann folgen die **Personalformen**.
  Bei den Personalformen verändern sich die Verben.
  Man sagt dazu auch: Verben werden gebeugt.

- Verben können in der **Gegenwart** (Präsens)
  und in verschiedenen **Vergangenheitsformen** stehen.
  Beim Sprechen verwendet man häufig
  die **zusammengesetzte Vergangenheit** (Perfekt).
  Beim Schreiben verwendet man häufig
  die **einfache Vergangenheit** (Präteritum).

Wortfamilien

- Wörter mit demselben **Wortstamm** gehören
  zu einer **Wortfamilie**.
  Manchmal verändert sich der Wortstamm leicht.
- An einem Wortstamm kann man **Wortbausteine** anfügen.

vor	Bauch	TANZ TÄNZ	erin	en

Wörtliche Rede

- Was jemand spricht, nennt man **wörtliche Rede**.
  Im **Begleitsatz** steht, wer spricht und wie gesprochen wird.
- Wenn der Begleitsatz vor der wörtlichen Rede steht,
  setzt man am Ende des Begleitsatzes einen **Doppelpunkt**.
- Die wörtliche Rede steht in **Anführungszeichen**.

Der Clown sagt: „Ich bin der lustigste Clown im Zirkus."

· grundlegende sprachliche Begriffe kennen:
Verben, Wortfamilien, wörtliche Rede

Sätze

- Am Ende eines Satzes steht ein **Satzzeichen**.

- Am Ende eines **Aussagesatzes** steht ein **Punkt**.
  Am Ende eines **Fragesatzes** steht ein **Fragezeichen**.
  Nach **Ausrufen** und **Aufforderungen** steht oft ein **Ausrufezeichen**.

- **Das erste Wort** in einem Satz schreibt man **groß**.

Satzglieder

- Die Teile eines Satzes nennt man **Satzglieder**.
  Man kann sie umstellen.

- Das **Subjekt** ist ein Satzglied.
  Es antwortet auf die Frage „Wer oder was ...?“.
- Das **Prädikat** ist ein Satzglied.
  Es antwortet auf die Frage „Was tut/tun ...?/„Was geschieht...?“.
  In Aussagesätzen ist es das zweite Satzglied.
  Stellt man das Prädikat nach vorne, entsteht ein Fragesatz.

Quiesel	schwingt	den Reifen.
Schwingt	Quiesel	den Reifen?

Wörterliste

A a

ab
der **Abend**, die Abende
aber
ahnen, sie ahnt, sie ahnte, sie hat geahnt
alle, alles, allen
als
alt, älter, am ältesten
am
an
ängstlich, ängstlicher, am ängstlichsten
antworten, er antwortet, er antwortete, er hat geantwortet
der **Apfel**, die Äpfel
die **Arbeit**, die Arbeiten
arbeiten, sie arbeitet, sie arbeitete, sie hat gearbeitet
der **Arm**, die Arme
der **Arzt**, die Ärzte
auf
die **Aufführung**, die Aufführungen
die **Aufmerksamkeit**
aufwachen, er wacht auf, er wachte auf, er ist aufgewacht
aus
die **Auswahl**, die Auswahlen
die **Autorin**, die Autorinnen

B b

das **Baby**, die Babys
das **Bad**, die Bäder
bald
der **Ball**, die Bälle
das **Band**, die Bänder
die **Bank**, die Bänke
die **Bank**, die Banken
der **Bart**, die Bärte
der **Bauch**, die Bäuche
bauen, er baut, er baute, er hat gebaut
der **Baum**, die Bäume
die **Begeisterung**, die Begeisterungen
beginnen, es beginnt, es begann, es hat begonnen
begrüßen, er begrüßt, er begrüßte, er hat begrüßt
bei
beißen, er beißt, er biss, er hat gebissen
bekommen, es bekommt, es bekam, es hat bekommen
bemühen, er bemüht, er bemühte, er hat bemüht
die **Beobachtung**, die Beobachtungen
der **Berg**, die Berge
beweisen, er beweist, er bewies, er hat bewiesen
bezahlen, er bezahlt, er bezahlte, er hat bezahlt
der **Biber**, die Biber
biegen, sie biegt, sie bog, sie hat gebogen
die **Biene**, die Bienen
das **Bild**, die Bilder
billig, billiger, am billigsten
binden, sie bindet, sie band, sie hat gebunden
bis
bitten, er bittet, er bat, er hat gebeten
das **Blatt**, die Blätter
bleiben, sie bleibt, sie blieb, sie ist geblieben
blühen, es blüht, es blühte, es hat geblüht
die **Bohne**, die Bohnen
der **Brand**, die Brände
brauchen, er braucht, er brauchte, er hat gebraucht
breit, breiter am breitesten
der **Brief**, die Briefe
die **Brille**, die Brillen
bringen, sie bringt, sie brachte, sie hat gebracht
die **Brücke**, die Brücken

brüllen, sie brüllt, sie brüllte, sie hat gebrüllt

brummen, er brummt, er brummte, er hat gebrummt

das **Buch**, die Bücher

bunt, bunter, am buntesten

die **Burg**, die Burgen

C c

der **Cent**, die Cent

der **Clown**, die Clowns

der **Computer**, die Computer

die **Currywurst**, die Currywürste

D d

der **Dachs**, die Dachse

die **Dankbarkeit**

danken, er dankt, er dankte, er hat gedankt

dein, deine

denken, sie denkt, sie dachte, sie hat gedacht

denn

der, die, das

deshalb

der **Detektiv**, die Detektive

dich

der **Dieb**, die Diebe

diese, dieser, dieses

dir

donnern, es donnert, es donnerte, es hat gedonnert

dösen, er döst, er döste, er hat gedöst

draußen

dreckig, dreckiger, am dreckigsten

drehen, er dreht, er drehte, er hat gedreht

dreißig

drohen, es droht, es drohte, es hat gedroht

drucken, sie druckt, sie druckte, sie hat gedruckt

dunkel, dunkler, am dunkelsten

die **Dunkelheit**

die **Dummheit**, die Dummheiten

dünn, dünner, am dünnsten

durch

düsen, er düst, er düste, er ist gedüst

E e

ehrlich, ehrlicher, am ehrlichsten

das **Eichhörnchen**, die Eichhörnchen

die **Eidechse**, die Eidechsen

ein, eine

einpacken, er packt ein, er packte ein, er hat eingepackt

eng, enger, am engsten

entdecken, sie entdeckt, sie entdeckte, sie hat entdeckt

die **Entfernung**, die Entfernungen

die **Entschuldigung**, die Entschuldigungen

entwickeln, er entwickelt, er entwickelte, er hat entwickelt

er, sie, es

die **Erde**

die **Erkältung**, die Erkältungen

erkennen, sie erkennt, sie erkannte, sie hat erkannt

erklären, sie erklärt, sie erklärte, sie hat erklärt

die **Erklärung**, die Erklärungen

der **Ernst**

erzählen, er erzählt, er erzählte, er hat erzählt

der **Esel**, die Esel

essen, er isst, er aß, er hat gegessen

etwas

F f

die **Fahne**, die Fahnen

fahren, sie fährt, sie fuhr, sie ist gefahren

das **Fahrrad**, die Fahrräder

fallen, er fällt, er fiel, er ist gefallen

die **Familie**, die Familien

fangen, sie fängt, sie fing,
sie hat gefangen
die **Fee**, die Feen
fehlen, es fehlt, es fehlte, es hat gefehlt
der **Fehler**, die Fehler
fehlerfrei
die **Feier**, die Feiern
feiern, er feiert, er feierte, er hat gefeiert
fein, feiner, am feinsten
das **Feld**, die Felder
das **Fell**, die Felle
die **Ferien**
das **Feuer**, die Feuer
das **Fieber**, die Fieber
der **Film**, die Filme
finden, sie findet, sie fand,
sie hat gefunden
flehen, er fleht, er flehte, er hat gefleht
der **Fleiß**
fleißig, fleißiger, am fleißigsten
fliegen, er fliegt, er flog, er ist geflogen
fliehen, sie flieht, sie floh,
sie ist geflohen
fies, fieser, am fiesesten
fließen, es fließt, es floss,
es ist geflossen
flitzen, er flitzt, er flitzte, er ist geflitzt
das **Floß**, die Flöße
das **Flugzeug**, die Flugzeuge
flüssig, flüssiger, am flüssigsten
flüstern, er flüstert, sie flüsterte,
sie hat geflüstert
fragen, er fragt, er fragte, er hat gefragt
die **Freiheit**, die Freiheiten
der **Freund**, die Freunde
die **Freundin**, die Freundinnen
fressen, es frisst, es fraß,
es hat gefressen
frieren, er friert, er fror, er hat gefroren
frisch, frischer, am frischesten
froh, froher, am frohsten
fröhlich, fröhlicher, am fröhlichsten
die **Fröhlichkeit**
früh, früher, am frühsten
das **Frühstück**, die Frühstücke
der **Fuchs**, die Füchse
für
der **Fuß**, die Füße
das **Futter**
füttern, er füttert, er fütterte,
er hat gefüttert

G g

ganz, ganze
das **Gebäude**, die Gebäude
geben, er gibt, er gab, er hat gegeben
die **Gefahr**, die Gefahren
gefährlich, gefährlicher,
am gefährlichsten
gegen
gehen, sie geht, sie ging,
sie ist gegangen
gelb
das **Geld**, die Gelder
das **Gemüse**
gern, lieber, am liebsten
der **Geschmack**, die Geschmäcke
das **Gesicht**, die Gesichter
gestern
gesund, gesünder, am gesündesten
die **Gesundheit**
gießen, er gießt, er goss,
er hat gegossen
der **Gipfel**, die Gipfel
die **Giraffe**, die Giraffen
das **Glas**, die Gläser
glänzen, glänzender, am glänzendsten
gleich
das **Gleis**, die Gleise
glücklich, glücklicher, am glücklichsten
glühen, es glüht, es glühte,
es hat geglüht
das **Gras**, die Gräser
groß, größer, am größten

der **Gruß**, die Grüße

grüßen, er grüßt, er grüßte, er hat gegrüßt

gucken, sie guckt, sie guckte, sie hat geguckt

gut, besser, am besten

H h

haben, er hat, er hatte, er hat gehabt

hacken, sie hackt, sie hackte, sie hat gehackt

der **Haken**, die Haken

der **Hals**, die Hälse

halten, sie hält, sie hielt, sie hat gehalten

das **Handy**, die Handys

hängen, er hängt, er hing, er hat gehangen

das **Haus**, die Häuser

häuslich, häuslicher, am häuslichsten

heiß, heißer, am heißesten

heißen, er heißt, er hieß, er hat geheißen

die **Heizung**, die Heizungen

helfen, sie hilft, sie half, sie hat geholfen

das **Hemd**, die Hemden

heute

hier

der **Himmel**, die Himmel

hinter

holen, sie holt, sie holte, sie hat geholt

hören, er hört, er hörte, er hat gehört

die **Hummel**, die Hummeln

humpeln, sie humpelt, sie humpelte, sie ist gehumpelt

hupen, er hupt, er hupte, er hat gehupt

hüpfen, sie hüpft, sie hüpfte, sie ist gehüpft

der **Hut**, die Hüte

I i

ich

die **Idee**, die Ideen

der **Igel**, die Igel

ihm, ihn, ihr

im

in

J j

die **Jacke**, die Jacken

jagen, er jagt, er jagte, er hat gejagt

der **Jäger**, die Jäger

das **Jahr**, die Jahre

jede, jeder, jedes

jetzt

jung, jünger, am jüngsten

K k

kalt, kälter, am kältesten

die **Kälte**

kämmen, er kämmt, er kämmte, er hat gekämmt

kämpfen, sie kämpft, sie kämpfte, sie hat gekämpft

die **Karte**, die Karten

die **Katze**, die Katzen

kein, keine, keiner

der **Keks**, die Kekse

der **Keller**, die Keller

kennen, sie kennt, sie kannte, sie hat gekannt

die **Keule**, die Keulen

das **Kind**, die Kinder

die **Kiste**, die Kisten

klappern, es klappert, es klapperte, es hat geklappert

kleben, es klebt, es klebte, es hat geklebt

die **Kleidung**

klein, kleiner, am kleinsten

klemmen, es klemmt, es klemmte, es hat geklemmt

klettern, sie klettert, sie kletterte, sie ist geklettert
klimpern, es klimpert, es klimperte, es hat geklimpert
klingen, es klingt, es klang, es hat geklungen
klopfen, sie klopft, sie klopfte, sie hat geklopft
klug, klüger, am klügsten
der **Knopf**, die Knöpfe
der **Koch**, die Köche
kochen, er kocht, er kochte, er hat gekocht
kommen, sie kommt, sie kam, sie ist gekommen
können, er kann, er konnte, er hat gekonnt
krabbeln, sie krabbelt, sie krabbelte, sie ist gekrabbelt
die **Kraft**, die Kräfte
kräftig, kräftiger, am kräftigsten
die **Kralle**, die Krallen
krank
der **Kreis**, die Kreise
das **Krokodil**, die Krokodile
die **Kuh**, die Kühe
kurz, kürzer, am kürzesten

L l

das **Labyrinth**, die Labyrinthe
lachen, sie lacht, sie lachte, sie hat gelacht
das **Land**, die Länder
landen, er landet, er landete, er ist gelandet
lang, länger, am längsten
laufen, er läuft, er lief, er ist gelaufen
der **Läufer**, die Läufer
die **Laus**, die Läuse
laut, lauter, am lautesten
lautlos
leben, sie lebt, sie lebte, sie hat gelebt
lebendig, lebendiger, am lebendigsten
lecker, leckerer, am leckersten
legen, er legt, er legte, er hat gelegt
der **Lehrer**, die Lehrer
die **Lehrerin**, die Lehrerinnen
leicht, leichter, am leichtesten
leihen, sie leiht, sie lieh, sie hat geliehen
leise, leiser, am leisesten
das **Lenkrad**, die Lenkräder
lernen, sie lernt, sie lernte, sie hat gelernt
lesen, er liest, er las, er hat gelesen
leuchten, es leuchtet, es leuchtete, es hat geleuchtet
die **Leute**
das **Lexikon**, die Lexika
lieb, lieber, am liebsten
lieben, sie liebt, sie liebte, sie hat geliebt
liegen, er liegt, er lag, er hat gelegen
die **Linie**, die Linien
der **Liter**, die Liter
loben, sie loben, sie lobte, sie hat gelobt
die **Lösung**, die Lösungen

M m

machen, er macht, er machte, er hat gemacht
mähen, sie mäht, sie mähte, sie hat gemäht
malen, sie malt, sie malte, sie hat gemalt
man
die **Mappe**, die Mappen
die **Marke**, die Marken
die **Maschine**, die Maschinen
die **Maus**, die Mäuse
das **Meer**, die Meere
mein, meine
merken, er merkt, er merkte, er hat gemerkt
mich
mies, mieser, am miesesten

mir
mischen, sie mischt, sie mischten, sie hat gemischt
modern, moderner, am modernsten
mögen, er mag/er möchte, er mochte, er hat gemocht
das **Moos**, die Moose
die **Mühle**, die Mühlen
die **Musik**
müssen, er muss, er musste, er hat gemusst
mutig, mutiger, am mutigsten
die **Mutter**, die Mütter
die **Mütze**, die Mützen

N n

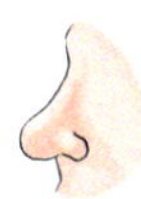

nach
nah, näher, am nächsten
nähen, er näht, er nähte, er hat genäht
die **Naht**, die Nähte
nehmen, sie nimmt, sie nahm, sie hat genommen
das **Nest**, die Nester
nett, netter, am nettesten
nicht
niemals
niesen, er niest, er nieste, er hat geniest
noch
nur
nutzen, es nutzt, es nutzte, es hat genutzt

O o

ob
oben
oder
öffnen, er öffnet, er öffnete, er hat geöffnet
oft
ohne
das **Ohr**, die Ohren

P p

die **Palme**, die Palmen
die **Party**, die Partys
die **Pause**, die Pausen
pfeifen, es pfeift, es pfiff, es hat gepfiffen
pflegen, sie pflegt, sie pflegte, sie hat gepflegt
die **Pfütze**, die Pfützen
piepen, es piept, es piepte, es hat gepiept
die **Pizza**, die Pizzas
der **Plan**, die Pläne
plappern, er plappert, er plapperte, er hat geplappert
der **Platz**, die Plätze
das **Pony**, die Ponys
die **Praline**, die Pralinen
der **Preis**, die Preise
problemlos
die **Pünktlichkeit**
die **Puppe**, die Puppen
putzen, er putzt, er putzte, er hat geputzt
die **Pyramide**, die Pyramiden

Qu qu

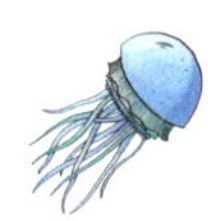

quadratisch
quaken, es quakt, es quakte, es hat gequakt
die **Qual**, die Qualen
die **Qualle**, die Quallen
quasseln, er quasselt, er quasselte, er hat gequasselt
die **Quelle**, die Quellen
quieken, es quiekt, es quiekte, es hat gequiekt

R r

das **Rad**, die Räder
das **Radio**, die Radios
rasen, sie rast, sie raste, sie ist gerast

das **Rätsel**, die Rätsel
rauben, sie raubt, sie raubte, sie hat geraubt
der **Räuber**, die Räuber
der **Raum**, die Räume
räumen, er räumt, er räumte, er hat geräumt
reden, sie redet, sie redete, sie hat geredet
regnen, es regnet, es regnete, es hat geregnet
das **Reh**, die Rehe
reich, reicher, am reichsten
reisen, er reist, er reiste, er ist gereist
reißen, sie reißt, sie riss, sie hat gerissen
rennen, sie rennt, sie rannte, sie ist gerannt
riechen, er riecht, er roch, er hat gerochen
riesig, riesiger, am riesigsten
die **Rinde**, die Rinden
die **Ritze**, die Ritzen
der **Rock**, die Röcke
rollen, es rollt, es rollte, es ist gerollt
rufen, er ruft, er rief, er hat gerufen
die **Ruhe**
ruhen, sie ruht, sie ruhte, sie hat geruht
rund, runder, am rundesten

S s

der **Sack**, die Säcke
sagen, sie sagt, sie sagte, sie hat gesagt
die **Sahne**
sammeln, er sammelt, er sammelte, er hat gesammelt
der **Sand**
sandig, sandiger, am sandigsten
schauen, er schaut, er schaute, er hat geschaut
scheinen, sie scheint, sie schien, sie hat geschienen
die **Scheune**, die Scheunen
schicken, sie schickt, sie schickte, sie hat geschickt
schieben, er schiebt, er schob, er hat geschoben
schielen, er schielt, er schielte, er hat geschielt
der **Schirm**, die Schirme
schlafen, sie schläft, sie schlief, sie hat geschlafen
schlagen, er schlägt, er schlug, er hat geschlagen
schleichen, sie schleicht, sie schlich, sie ist geschlichen
schließen, er schließt, er schloss, er hat geschlossen
schmal, schmaler, am schmalsten
schmieren, sie schmiert, sie schmierte, sie hat geschmiert
die **Schnecke**, die Schnecken
schneiden, er schneidet, er schnitt, er hat geschnitten
schnell, schneller, am schnellsten
schon
schön, schöner, am schönsten
der **Schrank**, die Schränke
der **Schreck**, die Schrecke
schreiben, sie schreibt, sie schrieb, sie hat geschrieben
schreien, er schreit, er schrie, er hat geschrien
die **Schrift**, die Schriften
der **Schuh**, die Schuhe
schütteln, sie schüttelt, sie schüttelte, sie hat geschüttelt
schützen, es schützt, es schützte, es hat geschützt
der **Schwamm**, die Schwämme
der **Schwan**, die Schwäne
schwarz
schweißen, sie schweißt, sie schweißte,

sie hat geschweißt
schwer, schwerer, am schwersten
die **Schwierigkeit**, die Schwierigkeiten
schwimmen, er schwimmt,
er schwamm, er ist geschwommen
schwungvoll, schwungvoller,
am schwungvollsten
schwitzen, er schwitzt, er schwitzte,
er hat geschwitzt
sechs
sehen, sie sieht, sie sah,
sie hat gesehen
sehr
sein, er/sie/es ist, er/sie/es war,
er/sie/es ist gewesen
sein, seine
seit
setzen, er setzt, er setzte,
er hat gesetzt
sich
sie
das **Sieb**, die Siebe
sieben, sie siebt, sie siebte,
sie hat gesiebt
singen, er singt, er sang,
er hat gesungen
sinken, es sinkt, es sank,
es ist gesunken
sitzen, sie sitzt, sie saß,
sie hat gesessen
die **Socke**, die Socken
sogar
sollen, er soll, er sollte, er hat gesollt
die **Sonne**
sonnen, er sonnt sich, er sonnte sich,
er hat sich gesonnt
sonnig, sonniger, am sonnigsten
der **Sonntag**
die **Spaghetti**
der **Spaß**, die Späße
der **Speck**, die Specke
speisen, sie speist, sie speiste,
sie hat gespeist
das **Spiel**, die Spiele
spielen, er spielt, er spielte,
er hat gespielt
die **Spinne**, die Spinnen
die **Spitze**, die Spitzen
der **Sport**
sportlich, sportlicher, am sportlichsten
sprechen, sie spricht, sie sprach,
sie hat gesprochen
sprießen, es sprießt, es spross,
es ist gesprossen
springen, er springt, er sprang,
er ist gesprungen
sprühen, sie sprüht, sie sprühte,
sie hat gesprüht
spurten, sie spurtet, sie spurtete,
sie ist gespurtet
der **Stamm**, die Stämme
stark, stärker, am stärksten
starten, es startet, es startete,
es ist gestartet
stehen, sie steht, sie stand,
sie hat gestanden
stellen, er stellt, er stellte,
er hat gestellt
der **Stiefel**, die Stiefel
stopfen, sie stopft, sie stopfte,
sie hat gestopft
stoppen, es stoppt, es stoppte,
es hat gestoppt
stoßen, er stößt, er staß,
er hat gestoßen
der **Strahl**, die Strahlen
der **Strand**, die Strände
die **Straße**, die Straßen
der **Strauch**, die Sträucher
der **Strauß**, die Strauße
der **Strauß**, die Sträuße
die **Stunde**, die Stunden
suchen, er sucht, er suchte,
er hat gesucht

summen, es summt, es summte, es hat gesummt
die **Suppe**, die Suppen
süß, süßer, am süßesten

T t

der **Tag**, die Tage
täglich
die **Tanne**, die Tannen
die **Tatze**, die Tatzen
der **Tausch**, die Täusche (Tausche)
täuschen, es täuscht, es täuschte, es hat getäuscht
der **Teddy**, die Teddys
der **Teilnehmer**, die Teilnehmer
die **Teilnehmerin**, die Teilnehmerinnen
der **Teller**, die Teller
tief, tiefer, am tiefsten
das **Tier**, die Tiere
der **Tiger**, die Tiger
toll, toller, am tollsten
tragen, sie trägt, sie trug, sie hat getragen
trampeln, er trampelt, er trampelte, er hat getrampelt
der **Traum**, die Träume
träumen, er träumt, er träumte, er hat geträumt
treffen, sie trifft, sie traf, sie hat getroffen
trinken, er trinkt, er trank, er hat getrunken
der **Tropfen**, die Tropfen
tupfen, sie tupft, sie tupfte, sie hat getupft
turnen, sie turnt, sie turnte, sie hat geturnt

U u

über
übernehmen, sie übernimmt, sie übernahm, sie hat übernommen
die **Uhr**, die Uhren
um
und
das **Ungeheuer**, die Ungeheuer
uns
unsere, unserer
unter
der **Urlaub**, die Urlaube

V v

der **Verband**, die Verbände
die **Vereinbarung**, die Vereinbarungen
vergangen
vergessen, sie vergisst, sie vergaß, sie hat vergessen
verlassen, er verlässt, er verließ, er hat verlassen
verstecken, sie versteckt, sie versteckte, sie hat versteckt
verstehen, er versteht, er verstand, er hat verstanden
versuchen, sie versucht, sie versuchte, sie hat versucht
verzeihen, er verzeiht, er verzieh, er hat verziehen
viel, viele
viel, mehr, am meisten
das **Vitamin**, die Vitamine
der **Vogel**, die Vögel
voll, voller, am vollsten
von
vor
vorlesen, er liest vor, er las vor, er hat vorgelesen

W w

wachsen, er wächst, er wuchs, er ist gewachsen
der **Wald**, die Wälder
die **Wand**, die Wände
wandern, sie wandert, sie wanderte, sie ist gewandert

wann
warm, wärmer, am wärmsten
waschen, sie wäscht, sie wusch,
sie hat gewaschen
die **Waschmaschine**, die Waschmaschinen
das **Wasser**
wechseln, er wechselt, er wechselte,
er hat gewechselt
der **Wecker**, die Wecker
wehen, es weht, es wehte,
es hat geweht
weil
weiß
welche, welcher, welches
die **Welt**, die Welten
wenig, weniger, am wenigsten
wenn
werden, er wird, er wurde,
er ist geworden
werfen, sie wirft, er warf,
er hat geworfen
die **Wette**, die Wetten
das **Wetter**
wie
wieder
wiegen, es wiegt, es wog,
es hat gewogen
wild, wilder, am wildesten
winken, sie winkt, sie winkte,
sie hat gewinkt (gewunken)
wir
die **Wirklichkeit**, die Wirklichkeiten
der **Witz**, die Witze
witzig, witziger, am witzigsten
wohnen, sie wohnt, sie wohnte,
sie hat gewohnt
die **Wolke**, die Wolken
die **Wolle**, die Wollen
wollen, er will, er wollte, er hat gewollt
das **Wort**, die Wörter
das **Wunder**, die Wunder
wunderbar, wunderbarer,
am wunderbarsten
der **Wunsch**, die Wünsche
wünschen, sie wünscht, sie wünschte,
sie hat gewünscht

X x

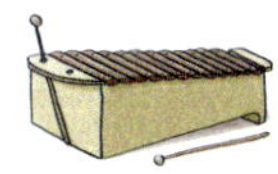

das **Xylofon**, die Xylofone

Y y

die **Yacht**, die Yachten
das **Yak**, die Yaks

Z z

die **Zahl**, die Zahlen
zählen, er zählt, er zählte,
er hat gezählt
der **Zahn**, die Zähne
der **Zaun**, die Zäune
der **Zeh**, die Zehen (Zehe)
zehn
zeigen, sie zeigt, sie zeigte,
sie hat gezeigt
die **Zeit**, die Zeiten
zerren, er zerrt, er zerrte, er hat gezerrt
der **Zettel**, die Zettel
ziehen, sie zieht, sie zog,
sie hat gezogen
die **Zitrone**, die Zitronen
zu
zucken, es zuckt, es zuckte,
es hat gezuckt
zurück
zusammen
der **Zwerg**, die Zwerge
zwischen

Kompetenzübersicht

Themen-Kapitel	Sprechen und Zuhören	Schreiben: Texte verfassen	Lesen- mit Texten und Medien umgehen
Willkommen in Klasse 3 S. 4 – 7	eigene Wünsche und Anliegen formulieren; lyrisches Textmodell nutzen **4**	Lernergebnisse geordnet sammeln; den eigenen Lernprozess reflektieren **5**	
Miteinander lernen S. 8 – 21	Beobachtungen wiedergeben; Anliegen und Konflikte mit anderen klären; auf die Meinungen anderer eingehen **8**; Anliegen gemeinsam diskutieren; Sprechbeiträge planen; Gesprächsregeln und Ablauf beachten **9**	Textmuster Protokoll kennen **10**; funktionsgerecht schreiben **10, 11**; Textmuster anwenden; Text an Schreibaufgabe überprüfen **11**	Computer zum Schreiben verwenden **10**
Im Wald unterwegs S. 22 – 35	Beobachtungen wiedergeben; funktionsangemessen sprechen: beschreiben und erzählen **22**; funktionsangemessen sprechen: informieren und erklären (Vortrag planen und halten) **23**	Texttmuster Stichwortkarte kennen; Informationen zu Oberbegriffen aus Texten sammeln und zusammenführen **24**; Texte an Schreibaufgabe kriterienorientiert überprüfen und überarbeiten; funktionsgerecht schreiben **25**	informieren, recherchieren **23**
Fahren und fliegen S. 36 – 49	funktionsangemessen sprechen: genau beschreiben, Sprechbeiträge planen; Inhalte zuhörend verstehen **36**; Wirkung der Redeweise beachten; Lautstärke, Sprechtempo und Betonung **37**	Text planen: Kriterien kennen, nutzen (Einleitung, Hauptteil, Schluss) **38**; Text nach Strukturmodell vervollständigen bzw. schreiben **39**; Methode zur Textüberarbeitung beschreiben; Überarbeitungshinweise, Textüberarbeitung umsetzen **40**; Text an Schreibaufgabe überprüfen; Schreibkonferenz anwenden **41**	bedienen, anwednen, präsentieren **37**
Es war einmal ... S. 50 – 63	funktionsangemessen sprechen: erzählen und beschreiben **50**; erklären, sich in Rollen hineinversetzen; szenisch spielen; Rückmeldung geben **51**	Planungsmethoden kennen **52**; Schreibideen entwerfen; Planungsmethode roter Faden nutzen **52, 53**	
In der Medienwelt S. 64 – 77	beschreiben, persönliche Erfahrungen im Gespräch einbringen **64**; eigene Kompetenzen reflektieren; Erfahrungen und Anliegen einbringen **65**; beschreiben; strukturiertes Vorgehen nachvollziehen; Planungsmethode Drehbuch kennenlernen **68**; ein Projekt durchführen **69**	Verwendungszwecke digitaler Medien kennen: E-Mail **66, 77**; adressaten- und funktionsgerecht schreiben **67, 77**; Texte an der Schreibaufgabe überprüfen **67**; eigenen Lernerfolg reflektieren **77**	analysieren, reflektieren, informieren **64, 65**; E-Mail: bedienen, anwenden, kommunizieren **66, 67, 77**; produzieren, präsentieren **69**; Computer zum Schreiben und für Rechtschreibung nutzen, bedienen, anwenden **74**
Gesund und fit S. 78 – 91	situationsgerecht sprechen: beschreiben; Vermutungen, eigene Erfahrungen und Meinungen einbringen **78**; eigene Meinung einbringen und begründen; Zustimmung oder Ablehnung zeigen; wertschätzende Gesprächsatmosphäre **79**	Texte planen: Schreibziel klären; funktionsangemessen sprechen: erklären und begründen **80, 90**; Text kriteriengeleitet überprüfen und verbessern; instruierend schreiben: Anleitung **81**; eigenen Lernerfolg reflektieren **90**	
Gemeinsam leben S. 92–105	funktionsangemessen sprechen: erzählen und berichten; sich aktiv an Gesprächen beteiligen **92**; verstehend und aktiv zuhören; Hörstrategien kennen und nutzen; eigene Gefühle ausdrücken **93**	Schreibziel: Schreibabsicht und Verwendungszusammenhang klären; genau beschreiben, Meinung begründen **94**; Text- und Präsentationsform kriterienorientiert bewerten und gestalten **95**	
Roboter und Co. S. 106–119	funktionsangemessen sprechen: genau beschreiben und erzählen **106**; Kommunikationsziel klären, Vortrag planen; Ergebnisse präsentieren, Fachbegriffe nutzen, informieren, beschreiben **107**	Planungsmethoden kennen und verwenden: Mindmap **108**; Text an Schreibaufgabe überprüfen; Text ziel- und kriterienorientiert schreiben **109**	analysieren, reflektieren, problemlösen **106**; informieren, recherchieren **112**
Vor vielen Jahren S.120–133	funktionsangemessen sprechen: beschreiben und erzählen; aktiv eigene Vorstellungen einbringen **120**; richtige Fragetechnik reflektieren; eigene Interessen/Vorlieben äußern; Möglichkeiten der Recherche reflektieren **121**	eigene Vorstellungen formulieren; Ideen für eine Überschrift sammeln **122**; nach Anregung Fantasiegeschichte planen **122, 132**; Spannungsmelder kennen **123, 132**; Text kriteriengeleitet planen, aufbauen, überarbeiten, präsentieren **123**; eigenen Lernerfolg reflektieren **132**	
Durch das Jahr S. 134–143	funktionsangemessen sprechen: erzählen; sich in Gesprächen aktiv beteiligen **134**; gut betont lesen **136**; sich an Gesprächen beteiligen **137**; Gedicht/Text vortragen **137, 141, 143**; Bauplan eines Rondells beschreiben **142**	Ideen sammeln **136, 142**; Formulierungen und Textmodelle nutzen **136**; nach Anregung und Muster Texte schreiben **137**; Briefe/Briefumschlag kriterienorientiert überprüfen; eigenen Briefverkehr umsetzen **138, 139**; spielerisch und kreativ Texte erstellen: Reizwortmethode **140**; Text überprüfen; Text/Gedicht überarbeiten **141, 143**; verschiedene Textsorten kennen **141**; Bauplan in eigenem Gedicht erproben **142**	informieren, recherchieren, präsentieren **135**

Schreiben: **Richtig schreiben**	Sprache untersuchen
Rechtschreibstrategien nutzen; Fachbegriffe verwenden; Übungsformen selbstständig nutzen **7**	Wortarten kennen, Wörter zuordnen; Fachbegriffe verwenden **6**
grammatisches Wissen für Großschreibung nutzen: Nomen mit den Wortbausteinen -ung, -heit, -keit **16, 21**; Großschreibung am Satzanfang; Zeichensetzung am Satzende **17**; geübte, rechtschreibwichtige Wörter normgerecht schreiben **18**; Übungsformen selbstständig nutzen **18, 19**; methodisch sinnvoll abschreiben; Grundwortschatz **19**; eigenen Lernerfolg reflektieren **21**	grundlegende Begriffe kennen: Nomen; Konkreta und Abstrakta; Nomen großschreiben **12**; Begründungen und Erklärungen geben; grundlegende Begriffe kennen: unbestimmter und bestimmter Artikel **13**; grundlegende Begriffe: Adjektive, Steigerungsformen, Grundstufe und Vergleichsstufen **14, 20**; mit Adjektiven beschreiben; Vergleichssätze mit als oder wie **15**; eigenen Lernerfolg reflektieren **20**
rechtschriftliche Kenntnisse wiederholen **29**; Rechtschreibstrategien anwenden: Silben schwingen, Selbstlautlänge prüfen (Konsonantenfolge, Doppelkonsonanz, tz) **29, 30, 35**; Rechtschreibstrategien anwenden: Merkwörter mit chs **31**; über Rechtschreibstrategien reflektieren und sie anwenden **32**; Lern-/Arbeitstechniken nutzen **32, 33**; methodisch sinnvoll abschreiben; Grundwortschatz **33**; eigenen Lernerfolg reflektieren **35**	Fachbegriffe kennen: Pronomen; sprachliche Operationen nutzen: ersetzen **26, 34**; Begründungen und Erklärungen geben **26, 27**; grundlegende Begriffe kennen: Verben, Grund-/Personalform (Geschehensverben) **27**; Wortstammänderungen erkennen; Personalformen (regelmäßige und unregelmäßige) kennen und verwenden **28**; eigenen Lernerfolg reflektieren **36**
Rechtschreibstrategie anwenden: Verben verlängern **44, 49**; Rechtschreibstrategie anwenden: Nomen und Adjektive verlängern **45, 49**; Begründungen und Erklärungen geben **45**; Alphabet als Ordnungssystem kennen und anwenden; Rechtschreibhilfe verwenden: Wörterbuch **46**; Arbeitstechniken nutzen; methodisch sinnvoll abschreiben; Grundwortschatz **47**; eigenen Lernerfolg reflektieren **49**	grundlegende Begriffe kennen: Verben in verschiedenen Zeitformen; Präsens und Präteritum kennen und bilden **42, 48**; Präsens und Präteritum bei unregelmäßigen Verben (Wortstammänderung erkennen); Rechtschreibhilfe nutzen (nachschlagen) **43**; eigenen Lernerfolg reflektieren **48**
sprachliche Begriffe kennen und verwenden: Redebegleitsatz und wörtliche Rede; Zeichensetzung beachten **58, 63**; Begründungen und Erklärungen geben; Rechtschreibstrategien anwenden: ableiten **59**; über Rechtschreibstrategien reflektieren und sie anwenden **60**; Übungsformen selbstständig nutzen **60, 61**; methodisch sinnvoll abschreiben; Grundwortschatz **61**; eigenen Lernerfolg reflektieren **63**	bildhafte Ausdrücke kennen und verstehen (Redensarten); über Verstehensprobleme sprechen **54**; sprachliche Operationen nutzen: umstellen **55, 62**; mit Sprache experimentell umgehen **55**; Satzarten unterscheiden; Satzschlusszeichen verwenden **56**; sprachliche Begriffe kennen und verwenden: Redebegleitsatz und wörtliche Rede **57**; eigenen Lernerfolg reflektieren **62**
Komposita bilden; mit Sprache spielerisch umgehen; begründen und erklären **71**; Rechtschreibstrategie anwenden: Nomenprobe; sprachliche Operationen nutzen **72**; Rechtschreibstrategien anwenden: Silben schwingen, Vokallänge prüfen bei Wörtern mit ck **73**; Lern- und Arbeitstechniken nutzen; methodisch sinnvoll abschreiben; Grundwortschatz **75**	begründen und erklären **70**; Möglickeiten der Wortbildung kennen und anwenden: Komposita **70, 76**; eigenen Lernerfolg reflektieren **76**
Rechtschreibstrategien verwenden: verlängern bei Wörtern mit s und ß; erklären und begründen **84, 85**; Regeln der Trennung am Zeilenende kennen und verwenden; Begründungen und Erklärungen geben **86**; Rechtschreibstrategie anwenden: schwingen und Selbstlautlänge prüfen bei Wörtern mit ie; Fehlersensibilität entwickeln **87**, Lerntechniken zum Trainieren der Rechtschreibkompetenz kennen und selbstständig verwenden **88**; Lern- und Arbeitstechniken nutzen; methodisch sinnvoll abschreiben; Grundwortschatz **89**	Texte sprachlich optimieren: Wortfelder nutzen **82, 91**; erklären und begründen **82**; Möglichkeiten der Wortbildung kennen; Wortbausteine für Adjektive gezielt nutzen; spielerisch mit Sprache umgehen **83**; eigenen Lernerfolg reflektieren **91**
Bedeutung häufiger Abkürzungen kennen; erklären und begründen **98**; Rechtschreibstrategie anwenden: Merkwörter mit h **99, 105**; sprachliche Operationen: ergänzen 99; Lerntechniken: Rechtschreibgespräch **100**; Rechtschreibstrategien anwenden: Wortbausteine **100, 101**; erklären und begründen **101**; Arbeits- und Lerntechniken selbstständig nutzen: abschreiben mit der Quieselkarte **102, 103**; Grundwortschatz **103**; eigenen Lernerfolg reflektieren **105**	mit Sprache experimentell und spielerisch umgehen **96**; Möglichkeiten der Wortbildung kennen: Wortbausteine bei Verben, Trennbarkeit und Nichttrennbarkeit kennen **97, 104**; eigenen Lernerfolg reflektieren **104**
rechtschreibwichtige Wörter mit r kennen, üben, richtig schreiben; erklären und begründen **113**; Rechtschreibstrategien anwenden: Silben schwingen und verlängern bei Wörtern mit silbeninitialem h **114, 119**; Rechtschreibstrategien anwenden: merken bei Merkwörtern mit Y/y **115**; Lern- und Übungsformen selbstständig nutzen: Partnerdiktat **116**; methodisch sinnvoll abschreiben; Grundwortschatz **117**; eigenen Lernerfolg reflektieren **119**	sprachliche Operationen nutzen: umstellen; sprachliche Begriffe kennen und verwenden: Subjekt bestimmen **110, 118**; sprachliche Operationen nutzen: umstellen; sprachliche Begriffe kennen und verwenden: Prädikat bestimmen **111, 118**; gebräuchliche Fremdwörter kennen und verwenden **112**; eigenen Lernerfolg reflektieren **105**
Rechtschreibstrategien anwenden: merken bei Merwörtern mit i **128**; Rechtschreibstrategien selbstständig anwenden; Fehlersensibilität entwickeln **129**; Lern- und Arbeitstechniken selbstständig nutzen: Fehlersensibilität bei eignen Texten entwickeln **130, 131**; methodisch sinnvoll abschreiben; Grundwortschatz **131**	sprachliche Begriffe kennen und verwenden; Zeitstufen bei Verben unterscheiden und nutzen: Präteritum und Perfekt **124**; sprachliche Strukturen kennen und anwenden: Bildungsweisen des Perfekt kennen **125**; Zeitstufen bei Verben kennen und verwenden **126, 133**; Wörter nach semantischen Kriterien sortieren: Oberbegriffe **127**; eigenen Lernerfolg reflektieren **133**
	unterschiedliche Begriffe mit gleicher Bedeutung entdecken (Regionalsprachen) **135**

Erarbeitet von
Björn Bauch (Kirchzarten), Ulrike Dirzus (Iserlohn), Gabriele Hinze (Metelen), Alexandra Isack (Frankfurt), Kerstin Riesberg (Wallenhorst) und Romina Stevens (Bramsche)

Auf der Grundlage von
BAUSTEINE Sprachbuch 3 (Ausgabe 2015)
Erarbeitet von Katharina Acker, Björn Bauch, Ulrike Dirzus, Matthias Greven, Gabriele Hinze, Alexandra Isack und Hans-Peter Schmidt

Illustriert von
Lars Baus *(Coverillu, Willkommen in Klasse 3, Im Wald unterwegs, Durch das Jahr)*, Thomas Dähne *(Es war einmal, Vor vielen Jahren)*, Iris Frampton *(Miteinander lernen, In der Medienwelt)*, Carola Holland *(Fahren und fliegen, Gesund und fit)*, Inge Voets *(Gemeinsam leben, Roboter und Co.)* sowie Angela Glökler *(Quiesel)* und Franziska Kalch *(Anlautbilder)*

Abbildungsnachweis
|Alamy Stock Photo, Abingdon/Oxfordshire: Imaginechina Limited 106.3; Natural History Library 106.5. |Bauch, Björn, Kirchzarten Burg: 107.1. |Berghahn, Matthias, Bielefeld: 84.1, 84.2. |Bohnstedt, Antje, Bretten: 147.3. |Dirzus, Ulrike, Iserlohn: 86.1, 95.2. |iStockphoto.com, Calgary: Lokibaho 120.3; LuckyBusiness 95.1; PepeLaguarda 120.1, 120.2; rolfbodmer 120.4. |Kalch, Franziska, Gornau: 148.1, 149.1, 149.2, 149.4, 150.1, 151.1, 151.2, 151.3, 151.4, 152.1, 152.2, 153.1, 153.2, 153.3, 153.4, 153.5, 154.1, 156.1, 156.2, 156.3, 156.4, 157.1, 157.2, 157.3. |Krings, Karen, Nottuln: 144.1, 144.2, 144.3, 144.4, 145.1, 145.2, 145.3, 145.4, 145.5, 145.6, 145.7, 145.8, 146.1, 146.2, 146.3, 146.4, 146.5, 147.1, 147.2, 147.4, 147.5. |Picture-Alliance GmbH, Frankfurt/M.: Charisius, Christian / dpa 106.6; dpa 120.5; Geisler-Fotopress 106.1; Jaspersen, Carmen /dpa 106.4; Photoshot 106.2. |stock.adobe.com, Dublin: ric Titel. |Tjaden, Oliver, Düsseldorf: 94.1.

Hinweis zu den genannten E-Mail-Adressen
Zum Zeitpunkt des Druckes sind die auf den Seiten 66 und 67 genannten E-Mail-Adressen frei erfunden.

Druck A⁴ / Jahr 2025
Alle Drucke der Serie A sind im Unterricht parallel verwendbar.

Redaktion: Eric Fischer, Jasmin Jasmer
Layout: Godewind Hamburg, Annette Henko Braunschweig
Umschlaggestaltung: Visuelle Lebensfreude, Hannover; mit Illustrationen von Lars Baus
Satz und technische Umsetzung: fotosatz griesheim GmbH
Druck und Bindung: Westermann Druck GmbH, Georg-Westermann-Allee 66, 38104 Braunschweig

ISBN 978-3-14-**137079**-9

westermann

BAUSTEINE

Sprachbuch/Spracharbeitsheft

Das kann ich!

Name

Klasse

3

Inhalt

1 Schreibe die Buchstaben von A bis H nach dem Abc geordnet auf.

A ___ ___ ___ ___ ___ ___ ___

2 Suche den Vorgänger und den Nachfolger im Abc. Schreibe ihn auf.

___ C ___ ___ J ___ ___ N ___ ___ S ___

3 Ordne die Wörter nach dem Abc.

Esel Affe Hase Fisch

Maus Kuh Pferd Kamel

Lale Lola Leon Lina

Rückmeldung: ___

1 Markiere in jeder Silbe den Selbstlaut.

Schu le	Ne bel	Te le fon	Sport
Me lo ne	Ki wi	Bir ne	Man da ri ne

2 Schreibe die Wörter mit Silbenbögen auf.
Markiere den Selbstlaut.

Tafel Malkasten Buch Brotdose

3 In welchen Wörtern fehlt ein Selbstlaut?
Schreibe die Wörter richtig auf.
Markiere die Selbstlaute.

Wir ho len den Be sn.

Wir ma ln ei ne Maus.

Wir ha ben ei nen Vo gl.

Rückmeldung: ______

1 Schreibe die Nomen geordnet auf.

Eimer	Bruder	Gras	Kuh
Polizistin	Ameise	Palme	Hut

Menschen:

Tiere:

Pflanzen:

Dinge:

2 Was stimmt? Kreuze an.

- ☐ Nomen schreibt man klein.
- ☐ Nomen können einen Artikel haben.
- ☐ Die meisten Nomen gibt es in Einzahl und Mehrzahl.
- ☐ Nomen stehen immer am Satzanfang.

3 Finde die Nomen. Schreibe sie mit bestimmtem Artikel auf.

lustigblumemaltzebrarechnetstiftstill

 Rückmeldung:

1 Setze die Punkte an den Satzenden ein.

Julia geht mit ihrem Hund Milo spazieren Da sieht Milo eine Katze Er bellt laut Schnell läuft die Katze davon

2 In welchen Reihen stehen vollständige Sätze?
Markiere sie und setze den Punkt.

Mia mit ihrer Freundin
Quiesel liest ein Buch
Am Abend spielen sie zusammen
Vor dem Laden wartet ein

3 Schreibe den Text mit Punkten und richtigen Satzanfängen auf.

Kim hat heute Geburtstag sie hat fünf Kinder eingeladen zusammen gehen sie auf den Spielplatz

Rückmeldung: ______________________________

Verben verändern sich

1 Schreibe die passende Verbform auf.

spielen spielt spielst spiele

ich ______ du ______

er ______ wir ______

2 Schreibe das Verb **lernen** passend zu den Wortkarten auf.

ich du er wir

ich ______

______

3 Was tun die Kinder?
Setze die Verben in der richtigen Form ein.

Tim ______ die Ziegen. füttern

Jana ______ die Punkte. zählen

Kenan ______ Fußball. spielen

Max ______ eine Aufgabe. rechnen

Rückmeldung: ______

1 Setze **Sp / sp** oder **St / st** richtig ein.

Wir sind unterwegs zum ____ortplatz. Es ist schon ____ät.

Wir laufen. Tim ____olpert über einen ____itzen ____ein.

Sofort ____eht er auf und ____urtet weiter.

2 Finde ein Reimwort mit **Sp** oder **St**.

Kern	____	Wort	____
Bein	____	Fleck	____
Wurm	____	Satz	____

3 Finde die sechs Fehler. Markiere sie.
Schreibe die Wörter richtig auf.

Wir wollen gemeinsam kochen. In der Schtadt kaufen wir Nudeln, Schpinat und ein Schtück Käse. Wir schtreuen Käse und Schinken über die Schpaghetti. Das Kochen macht uns allen Schpaß.

____

____

Rückmeldung: ____

1 Markiere alle Adjektive.

Hund	malen	klug	alt	Baum	riesig
hoch	laufen	hart	essen	Straße	lang

2 Setze die Adjektive in der richtigen Form ein.

lecker schwarz kalt warm

das ______ Essen

die ______ Katze

der ______ Schnee

der ______ Schlafsack

3 Schreibe die Gegensätze zu den Adjektiven auf.

alt ______ schnell ______

hoch ______ schmutzig ______

groß ______ hell ______

leise ______

 Rückmeldung: ______

1 Schreibe die Wörter in ihrer verlängerten Form auf.

Berg ____________ Burg ____________

Hund ____________ Kind ____________

Sieb ____________ Dieb ____________

2 Schreibe die Wörter in ihrer verlängerten Form auf.
Streiche den falschen Buchstaben durch.

Ta$^{g}_{k}$ ____________ Geschen$^{g}_{k}$ ____________

Win$^{t}_{d}$ ____________ Ty$^{p}_{b}$ ____________

Zel$^{t}_{d}$ ____________ Ver$^{b}_{p}$ ____________

3 Setze die Adjektive ein. Ergänze **b** oder **p**, **g** oder **k**, **d** oder **t**.

Der Schal ist gel___. – der ____________ Schal

Der Pilz ist gifti___. – der ____________ Pilz

Der Mond ist run___. – der ____________ Mond

Das Kind ist kran___. – das ____________ Kind

Rückmeldung: ____________

Satzarten kennen

1 Markiere die Sätze in der richtigen Farbe.
Ausrufe und Aufforderungen: rot
Fragesätze: grün
Aussagesätze: blau

Mama kauft uns ein Eis. | Hör auf damit! | Hilfe!

Wann hast du Geburtstag? | Hast du Angst?

2 Schreibe je einen Satz zu einer Satzart auf:
einen Aussagesatz, einen Fragesatz und eine Aufforderung.

3 Schreibe zu jedem Satz die passende Frage auf.

Mein Bruder heißt Finn.

Ja, ich kann dir helfen.

Rückmeldung:

1 Ordne die Wörter nach offener und geschlossener erster Silbe.

Hose	Bilder	Kasten	trinken	Faden
Riese	kleben	munter	helfen	rufen

offene Silbe	geschlossene Silbe

2 Markiere bei den Wörtern von Aufgabe 1 in der ersten Silbe den langen Selbstlaut (_) oder den kurzen Selbstlaut (.).

3 Setze **i** oder **ie** ein.

W__se	b__gen	b__nden	W__nter	H__lfe
v__le	g__ftig	Fr__den	s__ngen	L__ben

Rückmeldung: ____________________

Wortstamm und Wortfamilie kennen

1 Markiere in den Wörtern den Wortstamm.

Besprechung   versprechen   Sprecher   sprechen

2 Ordne die Wörter nach ihren Wortfamilien.

Fahrzeug   Werfer   abwerfen   vortragen
abfahren   Vertrag   werfen   Fahrer   tragen

FAHR: ______________________________

WERF: ______________________________

TRAG: ______________________________

3 Schreibe zu den Wortfamilien jeweils drei Wörter.

MAL	RENN
______________	______________
______________	______________
______________	______________

1 Markiere die verwandten Wörter in der gleichen Farbe.

zählen	Maus	Plätze	Bänke	Platz
Bank	Mäuse	träumen	Zahl	Traum

2 Schreibe ein verwandtes Wort mit **a** oder **au** auf.

täglich ____________ Länder ____________

Gebäude ____________ Gläser ____________

Käufer ____________ Läufer ____________

3 **ä** oder **e**? **äu** oder **eu**? Schreibe die Wörter richtig auf.

n äu/eu R ä/e der B äu/eu tel

R äu/eu ber sch äu/eu men z ä/e hlen

____

____

____

Rückmeldung: ____________

Wörter mit doppeltem Mitlaut kennenlernen

1 Setze den richtigen doppelten Mitlaut ein.
Markiere die Silbengrenzen mit einem Strich.

nn • tt • mm • ff • ll • ss • pp

Lö___el   Wa___er   Bu___er   brü___en

ko___en   Pu___e   So___e

2 Finde ein passendes Reimwort. Zeichne die Silbenbögen ein.

Kanne – ______   Sonne – ______

Butter – ______   essen – ______

Tasse – ______   summen – ______

wetten – ______   Puppe – ______

3 Trage die Silbenbögen ein.
Schreibe alle Wörter mit geschlossener erster Silbe auf.

______

______

______

Hase	Welle	geben
Oma	brennen	treffen
Mutter	reden	lassen

 Rückmeldung: ______

1 Scheibe die Wörter mit **ck** mit Silbenbögen auf.

2 Setze die fehlenden Buchstaben ein.

Die Affen si__ __en auf den Ästen.

Die Mäuse fli__ __en über den Hof.

Die Ka__ __en kra__ __en mit den Ta__ __en.

Die Schweine schma__ __en laut im Stall.

3 Finde passende Reimwörter.

Sitz	Bl______	W______
Glatze	K______	T______
Schatz	Pl______	S______
Pfütze	St______	M______

Rückmeldung: ______________________

1 Ergänze in dem Steckbrief die passenden Informationen.

Die Wilde Wilma

Wilma erlebt auf dem Schiff
von Kapitän Tom Totentopf viele Abenteuer.

Wilma, Wilmas Vater, Tom Totentopf

auf dem Meer

Jochen Till

Steckbrief

Titel: ______

Autor/ Autorin: ______

Figuren: ______

Ort: ______

Handlung: ______

______

______

1 Bilde zusammengesetzte Nomen.
Schreibe sie mit Artikel auf.

das Haus + die Tür – ______

der Brief + der Kasten – ______

der Koch + das Buch – ______

der Bus + der Fahrer – ______

2 Unterstreiche im Text die zusammengesetzten Nomen.

Sinas Armband liegt im Saftglas.

Das Märchenbuch steht hinter dem Blumentopf.

Die Computermaus liegt unter dem Kopfkissen.

3 Hier stimmt etwas nicht. Setze die Nomen richtig zusammen und schreibe sie mit Artikel auf.

Orangenring Teebürste Haarsaft Ohrtasse

______

______

1 Plane zu den Bildern **Der verborgene Schatz** eine kleine Geschichte. Schreibe deine Ideen geordnet auf.

Der verborgene Schatz

Die Piraten haben einen Schatz versteckt. Sie

 Rückmeldung: ______

1 Stelle die Satzglieder dreimal um. Schreibe die Sätze auf.
Markiere die Satzglieder farbig.

heute | mixe | ich | Zaubertinte

2 Schreibe die beiden Sätze vollständig auf.
Markiere die Satzglieder farbig.

Die Eiskönigin friert in ihrem Schloss.

In ihrem Schloss

Friert

Rückmeldung: ____

1 Schreibe den Text in deiner schönsten Schrift ab.

A B C D E F G Schaut nur, wohin ich geh.
H I J K L M N O P Mein Ziel ist unser See.
Qu R S T U V W und X Das ging ja heute fix.
Y und Z Hier ist es richtig nett.

 Rückmeldung: ____

Erarbeitet von
Björn Bauch (Kirchzarten), Ulrike Dirzus (Iserlohn), Gabriele Hinze (Metelen),
Alexandra Isack (Frankfurt), Kerstin Riesberg (Wallenhorst) und Romina Stevens (Bramsche)

Abbildungsnachweis
|Berghahn, Matthias, Bielefeld: 17.2, 17.4. |Dähne, Thomas, Aurich: 10.1. |Glökler, Angela (Atelier echtgelb), Hamburg: 22.1. |Holland, Carola, Wien: 14.1, 14.2, 14.3, 15.1, 15.2, 15.3, 15.4, 15.5, 15.6, 17.1, 19.1, 19.2, 19.3, 19.4. |Kalch, Franziska, Gornau: 22.2, 22.3. |Voets, Inge, Berlin: 17.3, 18.1.

Druck A^5 / Jahr 2025
Alle Drucke der Serie A sind im Unterricht parallel verwendbar.

Redaktion: Eric Fischer
Umschlaggestaltung: Visuelle Lebensfreude, Hannover
mit Illustrationen von Lars Baus und Angela Glökler (Quiesel)
Layout: Godewind, Hamburg
Satz und technische Umsetzung: Satzteam Bleifrei, Hildesheim
Druck und Bindung: Westermann Druck GmbH, Georg-Westermann-Allee 66, 38104 Braunschweig

ISBN 978-3-14-**137306**-6

ISBN 978-3-14-137306-6

9 783141 373066

www.westermann.de